Christina Bacher

111 Orte für Kinder in Köln, die man gesehen haben muss

Mit Fotografien von Norbert Breidenstein

W0083442

emons:

Bibliografische Information der Deutschen Nationalbibliothek
Die Deutsche Nationalbibliothek verzeichnet diese Publikation
in der Deutschen Nationalbibliografie; detaillierte bibliografische
Daten sind im Internet über http://dnb.d-nb.de abrufbar.

© der Fotografien: Norbert Breidenstein, außer:
Ort 56: Hans-Theo Gerhards / Max Ernst Museum Brühl des LVR
© der Icons im Innenteil: S. 22: Shutterstock.com/DNetromphotos;
S. 28: iStockphoto.com/levkr; S. 32, 144, 228: shutterstock.com/Stock Up;
S. 68, 218: shutterstock.com/Ken StockPhoto;
S. 86: shutterstock.com/Boonchuay1970; S. 118, 150: shutterstock.com/Lucasos,
S. 154: shutterstock.com/stockphoto-graf, S. 158: shutterstock.com/Henrik Larsson
Icons allgemein: shutterstock.com/mhatzapa; shutterstock.com/TashaNatasha
© Covermotive: shutterstock.com/Ruth Black;
shutterstock.com/kristof Laurers; shutterstock.com/Pinaccione Robertino
Layout: Eva Kraskes und Franziska Emons-Hausen,
nach einem Konzept von Lübbeke | Naumann | Thoben und Nina Schäfer
Kartografie: altancicek.design, www.altancicek.de
Kartenbasisinformationen aus Openstreetmap,
© OpenStreetMap-Mitwirkende, ODbL
Druck und Bindung: Lensing Druck GmbH & Co. KG,
Feldbachacker 16, 44149 Dortmund
Printed in Germany 2018
ISBN 978-3-7408-0332-2
Originalausgabe

Unser Newsletter informiert Sie
regelmäßig über Neues von emons:
Kostenlos bestellen unter
www.emons-verlag.de

VORWORT

Liebe kleine und große Stadtentdecker,
da dachten wir, wir kennen Köln wie unsere Westentasche – gibt unser Team doch bereits seit mehr als 20 Jahren das regionale Stadtmagazin für Familien, »KÄNGURU«, heraus. Wir sitzen quasi an der Quelle für Spiel, Spaß und Spannung und sind Experten für Familien in Köln – dachten wir. Doch seit sich die Kinderbuchautorin Christina Bacher und der Fotograf Norbert Breidenstein zusammengetan haben, um für das Buch »111 Orte für Kinder in Köln, die man gesehen haben muss« auf Stadtentdeckertour zu gehen, ist nichts mehr wie zuvor: Mit Kamera, Schreibutensilien und diesem speziellen Blick auf unsere Stadt ist es den beiden gelungen, Orte für Familien in Köln ausfindig zu machen, von denen selbst wir zuvor noch nie gehört hatten: Sie sind zu einsamen Seen gereist, haben gruselige Gewölbe erforscht, sind unerschrocken auf spannende Zeitreisen gegangen und haben außergewöhnliche Menschen getroffen, die sich für Kinder und Jugendliche einsetzen.

So sind wir heute mehr als dankbar, dass wir diesem kreativen und vor allem neugierigen Team bei der Arbeit beratend über die Schulter schauen durften und auch ein wenig zum Entstehen des Buches beitragen konnten. Wir bedanken uns bei Christina Bacher und Norbert Breidenstein auf diesem Weg nochmals für ihr Vertrauen und bei Sonja Erdmann und dem Team im Emons Verlag für die unkomplizierte Zusammenarbeit.

Allen kleinen und großen Leserinnen und Lesern des Buches wünsche ich viel Spaß auf Stadtentdeckungstour. Mit beiliegender Stadtkarte, den Hintergrundinfos zu 111 ungewöhnlichen Orten und den zahlreichen Zusatztipps im Buch dürfte das locker gelingen.

Eure
Petra Hoffmann
Chefredakteurin KÄNGURU

111 ORTE

1_DIE AGENTUR FÜR ZEITREISEN

Quantenmagie und Abenteuer

Ein Team. Ein Raum. Und nur 60 Minuten, um die Welt zu retten oder ein echter Magier zu werden. Nur wer das schafft, darf die Magische Bibliothek auch wieder verlassen. Denn ist die Gruppe durch das Zeitschleusenportal dort hineingelangt, gibt es zunächst kein Entrinnen. Im sogenannten Escape-Raum passieren Dinge, die man sich nicht erklären kann – selbst wenn man alle Harry-Potter-Bände gelesen oder ein paar echt gute Kartentricks auf Lager hat.

Aber keine Sorge. Die Gruppe von höchstens acht Personen bleibt selbstverständlich immer zusammen. Das ist auch gut so, denn wenn es darangeht, die kniffligen Aufgaben in den Disziplinen Alchemie, Hellsehen, Zauberei und schwarze Magie zu lösen, benötigt man höchste Konzentration und Teamwork. Am Ende erwartet die Spieler, die nicht jünger als zehn Jahre sein sollten, ein gruseliger Zeitgenosse mit einer wahrlich unglaublichen Botschaft.

Dennoch ist die Magische Bibliothek kein klassischer Escape-Room. Denn das englische Wort »escape« bedeutet Flucht, und die würde einem hier jederzeit gelingen. Aber weil Magnus Myst und seine Kollegen alles geben, dass man sich in dem abgedunkelten Raum mit elektrischen Kerzen so richtig wohlfühlt, will man eigentlich gar nicht, dass das Abenteuer jemals aufhört. Gut, dass es noch weitere Räume gibt. Für andere Tage. Und gleichermaßen für kleine und auch große Leute.

TIPP: Wenige Straßen weiter, in der Silvanstraße 1, befindet sich die Crêperie »Bande à Part«, wo die süßen Crêpes und herzhaften Galettes tatsächlich wie in Frankreich schmecken. Die perfekte Location, um auf das erworbene Magier-Diplom anzustoßen!

Adresse Team X – Agentur für Zeitreisen, Quantenmagie und Abenteuer, Ubierring 43, 50678 Köln-Altstadt-Süd, www.teamx.koeln //
ÖPNV Bahn 15, 16, Bus 133, Haltestelle Ubierring //
Öffnungszeiten Mo–So 10–22 Uhr und nach telefonischer Vereinbarung unter Tel. 0221/30140329

2_DIE ALTE FEUERWACHE

Graffiti und eine Play-Station ohne Strom

Dort, wo früher Feuerwehrleute auf Pferdekutschen mit Wasserwagen ausrückten, um Brände zu löschen, befindet sich heute eines der lebendigsten Bürgerzentren der Stadt. Ermöglicht haben das die Bewohner der Kölner Nordstadt selbst, denn die Alte Feuerwache im Agnesviertel sollte 1981 abgerissen werden, um einem Wettkampf-Schwimmbad Platz zu machen. Da gab es Protest – und zwar zu Recht!

Heute befindet sich neben dem Lokal mit Biergarten ein toller Innenhof mit hohen Bäumen zum Chillen, Spielen und Verweilen. Die Bänke und Tische stehen jedermann zur Verfügung – die freigegebenen Mauerflächen im hinteren Bereich der Anlage dürfen besprüht werden. Das ist großes Kino, bei der Entstehung eines meterhohen Graffiti-Bildes dabei sein zu können!

Während sich in der alten Branddirektion und im Steigeturm Seminarräume befinden, kann man die ehemalige Funkleitzentrale für Partys mieten. Das Mannschaftshaus wird häufig von Theatergruppen für Proben genutzt, im Nachbargebäude steht ein Ausstellungsraum zur Verfügung. Und als würde das nicht schon für genug buntes Treiben sorgen, sind Kita, Tischtennisplatten und Jugendtreff ebenfalls ganzjährig im Dauerbetrieb. Besonders toll ist das Angebot der sogenannten Play-Station, die bei gutem Wetter jeden Dienstag und Mittwoch von 17 bis 19 Uhr geöffnet hat: Dort kann sich jeder – ob klein oder groß – verschiedene Spielgeräte wie Einräder oder Brettspiele ausleihen.

Adresse Melchiorstraße 3, 50670 Köln-Neustadt-Nord, www.altefeuerwachekoeln.de // ÖPNV Bahn 12, 15, 16, 18, Bus 127, 140, Haltestelle Ebertplatz, S-Bahn 6, 11, 12, 13, Haltestelle Hansaring // Öffnungszeiten vom Büro der Alten Feuerwache: Mo–Fr 10–13 Uhr und Mo–Do (außer freitags) 15–20 Uhr, Sa 15–18 Uhr; Öffnungszeiten vom LOKAL in der Alten Feuerwache 10–0 Uhr durchgängig

TIPP: Richtig toll ist der Laden boyce & girls in der nahen Balthasarstraße. In dem Geschäft mit Café und Krabbelecke kann man vom Naturkautschukschnuller über Puppenbuggys hin zur nachhaltig hergestellten Regenjacke alles bekommen, was das Herz zwischen 0 und 12 Jahren begehrt. www.boyceandgirls.de

3_DIE (EHEMALIGE) ALTE KAISER-APOTHEKE

Pillen, Pasten und Placebos

Bunte Pillen in Glasbehältern, Pasten in wertvollen Tiegeln, gut riechende Seifen, schwere Waagen und goldene Messinstrumente – irgendwie kamen Apotheken früher schon ehrwürdiger rüber als heute, wo Plastiktuben und Duschgele die Regale dominieren. Einen guten Einblick, wie es in so einem Geschäft vor rund 100 Jahren ausgesehen hat, bekommt man in der Alten Kaiser-Apotheke am Theodor-Heuss-Ring.

Obwohl das Geschäft schon lange geschlossen ist, hat sich der neue Eigentümer – ein Rechtsanwalt – bemüht, alles beim Alten zu belassen. Über der Eingangstür prangt neben dem Hauswappen noch das Porträt des Kaiserherrschers. Vor allem aber lohnt sich ein Blick durch das große Fenster des ehemaligen Ladenlokals. Kommt man am »Tag des offenen Denkmals« Mitte September vorbei, kann man sogar in das Haus hinein und sich neben den vielen schönen Dingen in den Holzregalen auch das original erhaltene Treppenhaus des 1881 erbauten Gebäudes anschauen.

Apotheken gibt es in Köln übrigens schon seit dem 12. Jahrhundert, damals noch »Herbatores« genannt, weil man nichts anderes zum Heilen hatte als getrocknete Kräuter und Gewürze – leider nicht immer besonders wirkungsvoll. Während die Apotheker zu Beginn selbst noch mit Medikamenten experimentierten, waren sie später eher dafür zuständig, die Qualität der Arzneien zu testen und diese dann zu verkaufen. Im Jahr 1899 eröffnete die Kaiser-Apotheke in der gerade errichteten Neustadt. Wie vielen Kranken hier wohl im Laufe der Jahre schon geholfen wurde?

Adresse Theodor-Heuss-Ring 34, 50668 Köln-Altstadt-Nord // **ÖPNV** Bahn 12, 15, 16, 18, Bus 127, 140, 184, Haltestelle Ebertplatz // **Öffnungszeiten** nach Vereinbarung und am »Tag des offenen Denkmals« (www.stadt-koeln.de/leben-in-koeln/kultur/tag-des-offenen-denkmals)

TIPP: Während sich südlich der Grünanlage am Theodor-Heuss-Ring ein Spielplatz mit Kletterwand und Balancierelementen für Ältere befindet, erfreut sich der nördlich gelegene Spielplatz großer Beliebtheit bei kleinen Kindern. Hier können sie die verschiedensten Schaukeln ausprobieren oder auch einfach nur im Sandkasten buddeln.

4_DAS ALTE SCHWIMMBAD

Pommes mit Rheinblick

Die Badehose kann man getrost zu Hause lassen, wenn man sich auf den Weg zum Schwimmbad in Riehl macht. Wasser gibt es in dem Biergarten nämlich höchstens im Glas. Obwohl sich das ehemalige Freibad direkt am Rheinufer und ganz in der Nähe der Jugendherberge befindet, gehört es nach wie vor zu den Geheimtipps. Erstaunlich, denn hier sind die Pommes und Schnitzel günstig und lecker, und die Erwachsenen können zwischen 20 Biersorten wählen. Besonders praktisch ist der weitläufige Kinderspielplatz, den man von vielen Tischen aus einsehen kann. Natürlich geht es auch umgekehrt: Gegen ein Pfand dürfen Eltern die Getränke mit zu Sandkasten und Schaukel nehmen.

Irgendwie beeindruckend, dass an diesem idyllischen Ort im Schatten des riesigen AXA-Hochhauses mehr als 80 Jahre lang die Kölner Kinder schwimmen gelernt haben. Na ja, nicht ganz genau an dieser Stelle: Das allererste Schwimmbad der Stadt »an Land« namens »Rheinlust«, das 1902 eröffnet wurde, befand sich nämlich ein Stück weiter südlich.

Übrigens gibt es hier keinen Parkplatz. Und man kann auch nicht mit EC-Karte zahlen. Und nein, regensicher ist die Freiluft-Terrasse auch nicht. Trotzdem oder gerade wegen der kleinen Eigentümlichkeiten hat sich das alte Schwimmbad seine Besonderheit über all die Jahre bewahrt. Und ist die ideale Zwischenstation für eine Fahrradtour.

Adresse An der Schanz 2a, 50735 Köln-Riehl, www.koeln-biergarten.de, Wetter-Hotline: Tel. 0221/7602843 // ÖPNV Bahn 18, Haltestelle Boltensternstraße // Anfahrt über das Niederländer Ufer, Parkplätze am AXA-Hochhaus und vor dem Jugendgästehaus // Öffnungszeiten bei schönem Wetter Mo ab 15 Uhr, Di–Sa ab 12 Uhr, So und Feiertage ab 11 Uhr

TIPP: Lässt man den Blick schweifen, kann man die bunten Zelte des »Zirkus- und Artistikzentrums« erkennen. Neben Waveboard- und Einradkursen gibt es im ZAK auch öffentliche Aufführungen und die Möglichkeit, einen Kindergeburtstag zu buchen.

5_ DER ANGSTBUNKER

Zeitkapsel mit Gruselfaktor

Kurz vor Weihnachten – am 21. Dezember 1944 nämlich – schlug eine Bombe in den Bunker im Kölner Norden ein. Luftschutzleiter Christian Kleefisch kam bei dem Angriff tragisch ums Leben. Bis heute erinnert der sogenannte »Trefferraum« an diese unheilvolle Nacht im Zweiten Weltkrieg.

Es sind nicht nur diese Geschichten, die die Besucher des heutigen Bunkermuseums frösteln lassen. Denn in den Räumen unter der autofreien Siedlung in der Werkstattstraße, wo sich seit ein paar Jahren Ein- und Mehrfamilienhäuser, Spielplätze, eine Kita und ein Kiosk befinden, sind es konstant frische zehn Grad. Im benachbarten Kühlhaus war es früher sogar noch viel kälter, weil man hier zu Kriegszeiten – aus Mangel an Kühlschränken – riesige Eisblöcke lagerte, um Fleisch und Milch aufbewahren zu können.

Lebensechte Puppen in Originaluniformen und die Einrichtung geben einen guten Einblick in den damaligen Bunkeralltag. Die Besatzung bestand normalerweise aus dem Luftschutzleiter, einem Arzt und den Männern der Werksfeuerwehr des Bahn-Ausbesserungswerks. Koordiniert wurden die Abläufe von einem sogenannten »Blitz-Mädchen«, das in einem gesicherten Büro saß, Bombenmeldungen annahm und diese per Telefon und Funk an die Bahn draußen weitergab.

Zu empfehlen ist eine Führung durch die ehrenamtlichen Mitarbeiter der »Arbeitsgemeinschaft Festung Köln e. V.«, die großen Wert darauf legen, einen Krieg nicht zu verherrlichen. Über die Geschichte Kölns lernt man dort unten im Bunker jedenfalls eine ganze Menge – der Besuch ist jedoch eher für größere Kinder geeignet.

TIPP: Im »Aida« in der Merheimer Straße 195 gibt es einen tollen Biergarten, leckere Tapas und alkoholfreie Cocktails. Hier werden alle wichtigen Fußballspiele auf Großleinwand übertragen, und im Winter lockt ein kleiner Weihnachtsmarkt im Innenhof.

Adresse Werkstattstraße 106, 50733 Köln-Nippes, www.ag-festung-koeln.de // **ÖPNV** S-Bahn 6, 11, Haltestelle Köln-Nippes, Bus 142, Haltestelle Sechzigstraße, Bus 147, Haltestelle Wilhelmstraße // **Öffnungszeiten** jeden 2. So im Monat 10–16 Uhr

6_ DIE ANNO-KÖPFE

Schaurige Schnitzeljagd durch die Altstadt

Am Heumarkt – an der Ecke zum Seidmacherinnengäßchen – steht das »Gasthaus zum St. Peter« aus dem Jahr 1568. Es ist eines der ältesten Häuser in der Kölner Altstadt und könnte mit den dicht aneinandergereihten Fenstern und den geschwungenen Giebeln auch heute noch einen Schönheitswettbewerb gewinnen. Wäre da nicht die furchtbare steinerne Fratze an der Seitenwand des Hauses: Tote Augen, ein riesiges Maul und die langen Hauer ohne Unterkiefer weisen darauf hin, dass hier mal einer gewohnt hat, dem zur Strafe für ein schlimmes Vergehen die Augen ausgestochen wurden. Oder soll das Ganze nur eine Warnung sein? Für wen? Und weshalb? Denn schaut man genau hin, zieren diese Köpfe aus Stein zahlreiche Hausfassaden in der Altstadt.

Angeblich soll Erzbischof Anno den Befehl gegeben haben, die Masken an den Häusern von denjenigen anbringen zu lassen, die zuvor einen Aufstand gegen ihn angezettelt hatten. Aber in Wirklichkeit war wohl alles viel harmloser: An der Stelle des nicht vorhandenen Mundes befindet sich einfach ein Loch in der Wand. Hier wurde früher ein Balken fixiert und mit Hilfe eines Seils ein Flaschenzug gebaut – so konnte man Proviant und Kohlen in die Keller schaffen, ohne über die steilen Treppen gehen zu müssen. Cool, was?

Würde man jeden »Anno-Kopf« mit einem Kreuz auf dem Stadtplan markieren, könnte man eine beeindruckende Grusel-Tour unternehmen. Kann man ja mal an einem der nächsten Geburtstage statt der üblichen Schnitzeljagd ausprobieren!

TIPP: Ein wahrhaft »cooler« Ort ist übrigens die Schlittschuhbahn, die sich im Winter auf dem Heumarkt befindet. Die Eislaufsaison dauert von Ende November bis Anfang Januar.

Adresse Anno-Köpfe finden sich in der Salzgasse 1, Auf dem Rothenberg 11, an der Ecke Auf dem Rothenberg/Lintgasse und im Seidmacherinnen-gäßchen **//ÖPNV** Bahn 1, 7, 9, Bus 132, 133, Haltestelle Heumarkt

7_DAS AQUA TROPICA

Katzenhai trifft Bubble Eye

So ein Bubble Eye ist schon ein ganz besonderer Fisch. Als Augen hat er zwei riesige Blasen auf dem Kopf, mit denen er sehen kann – spooky! Im »Aqua Tropica«, einem Laden für Aquaristik, Fische und Amphibien, gibt es eine Menge seltener Tiere zu bestaunen, und das ohne Eintritt zu zahlen.

Hinter dem eher unspektakulären Eingang am Hansaring befinden sich einige tolle Show-Aquarien. Die fachkundigen Mitarbeiter erklären Kindern gerne mal die Welt der Fische – und nicht wenige sind dann so begeistert, dass sie sich selbst ein Aquarium wünschen.

Als »Hobby-Aquarianer-Anfänger« füllt man ein 40- oder 60-Liter-Aquarium mit Kies und Pflanzen und wartet zwei Wochen, bis das Wasser das perfekte Zuhause für die Fische bildet. Erst dann sollte man sich im Fachgeschäft die passenden neuen Bewohner aussuchen. Den Unterschied zwischen Männchen und Weibchen bei Fischen findet man schnell raus, nicht unwesentlich übrigens, wenn man Nachwuchs züchten möchte.

Wenn man aber im »Aqua Tropica« nur Fische gucken möchte, ist das auch okay. Oft starren dann 100 Augen gleichzeitig zurück. Und nicht selten kommen die bunten Tiere eifrig an die Scheibe, um die Besucher besser sehen zu können. Aber Vorsicht: An die Scheibe klopfen sollte man nicht, denn der Schall wird durch Wasser extrem verstärkt. Und: Je kleiner der Fisch, desto größer dann der Schock.

Adresse Hansaring 102–104,
50670 Köln-Neustadt-Nord,
https://aquatropica.de // **ÖPNV**
Bahn 12, 15, S-Bahn 6, 11, 12, 13,
Haltestelle Hansaring // **Öffnungszeiten**
Mo–Fr 11.30–19.30 Uhr, Sa 10–18 Uhr

TIPP: Nur wenige Gehminuten entfernt ist die »Bildungslandschaft Altstadt Nord« in Entstehung. Neben Filmabenden, dem Lesepaten-Projekt und Aktionstagen finden auch diverse Workshops – von Kochen bis Hip-Hop – statt. (www.ban-koeln.de/faq/)

8_ DAS ATELIER FÜR ILLUSTRATION, HANDLETTERING UND KALLIGRAPHIE

Buchstaben on Tour

Manche Menschen lesen gerne, andere schreiben lieber. Wiederum andere lieben es, mit Buchstaben zu spielen. So als wären die kleinen und großen Zeichen eigenständige Wesen, die in Pinsel und Federkiele, Bunt- und Filzstifte schlüpfen können, um dann mit Hilfe von Tinte ihre Botschaften auf Papier zu hinterlassen: Manchmal witzige, oft kluge, mal romantische Sprüche und Worte sind – neben anderen Kunstwerken – im Atelier für Illustration, Handlettering und Kalligraphie in der Zülpicher Straße ausgestellt.

In kaum einer anderen Stadt gibt es so viele Galerien wie in Köln. Doch während bei der ART.FAIR, an der mehr als 60 Galerien für Besucher geöffnet sind, eher Erwachsene angesprochen werden, sind im Ladenatelier von Agnete Sabbagh Kinder ausdrücklich willkommen. Sie dürfen der Künstlerin – übrigens selbst Mutter von zwei Kindern – sogar dabei über die Schulter schauen, wie sie fein säuberlich Urkunden schreibt, Plakate entwirft oder Bücher und Postkarten in Auftragsarbeit anfertigt.

Und wer möchte, kann seine eigene Fingerfertigkeit dann auch mal auf die Probe stellen: In Workshops wie der »Kleinen Schriftreise«, die eigens für Kinder und Jugendliche entwickelt wurde, lernt man, selbst tolle Schriftbilder zu entwerfen.

TIPP: Der Kinder-Secondhandladen »Dreikäsehoch« in der Zülpicher Straße 316 bietet seit mehr als 20 Jahren Bekleidung für Kinder – in den zwei Verkaufsräumen findet man zudem viele Markenprodukte.

Adresse Zülpicher Straße 225, 50937 Köln-Sülz, www.agnete-sabbagh.de // ÖPNV Bahn 9, Haltestelle Weyertal // Öffnungszeiten Mo, Di, Do 10–15 Uhr, Fr 16–19 Uhr

9 _ DIE AUSSICHTSPLATTFORM »DOMBLICK«

Köln-Panorama an der A1

Ein bisschen zugig ist es hier oben schon. Dafür sieht man von diesem Ort am äußersten Zipfel des Äußeren Grüngürtels aus tatsächlich den Dom und – vor ihm emporragend – den Fernsehturm. Bei gutem Wetter blitzt manchmal die »LANXESS arena« im Hintergrund auf – Skyline pur. Wie passend, dass man sich im Landschaftspark Belvedere (siehe Ort 105) befindet, was bekanntermaßen ja »schöner Ausblick« heißt.

Die 8,60 Meter hohe Aussichtsplattform namens »Domblick« gehört zu einer Reihe von Hochständen zwischen Müngersdorf, Bocklemünd und Vogelsang, für deren Bau der Bund, das Land Nordrhein-Westfalen und die EU mit vereinten Kräften 218.000 Euro lockergemacht haben. Wer das jetzt nicht verstanden hat: 'ne Menge Kohle für ganz schön viel Luft. Dieses aber ist Köln-Fans und Hobbyfotografen viel wert ist: Denn von hier kann man endlich das Stadtpanorama eingerahmt von Natur fotografieren – und das zu jeder Jahreszeit. Manchmal fliegt ein Schwarm Zugvögel durchs Bild, oder ein Traktor belebt den Vordergrund eines Schnappschusses, während am Horizont die Großstadt pulsiert. Genial!

Dass die Aussichtsplattformen – außer dem »Domblick« gibt es noch den »Blickfang«, den »Feldblick« und den »Ausblick« – direkt an der A1 liegen, dürfte vor allem kleinen Autofreaks gefallen. Die nämlich müssen ihren Blick nur vom Dom abwenden und das Fernglas auf die nahe Autobahn unter sich richten. Ist nicht gerade Stau, kommen auch sie voll auf ihre Kosten. Und das Ganze bei freiem Eintritt.

Adresse Landschaftspark Belvedere, Belvederestraße, 50933 Köln-Müngersdorf // ÖPNV Bus 144, Haltestelle Belvederestraße // Anfahrt von der Militärringstraße in den Carl-von-Linné-Weg, dort kann man die Hochstände bereits am Horizont sehen

TIPP: Wer gerne in die Ferne schaut, sollte sich mal den Blick von der Aussichtsplattform des LVR-Turms in Deutz gönnen. Von hier kann man bei guter Sicht sogar das Siebengebirge sehen! (www.koelntriangle.de/de/aussichtsplattform)

10_ DIE BACKSTUBE

Törtchen für die ganze Familie

Weiße Schokomousse auf Kokosboden mit einem Passionsfrucht-kern – das »Passion White« ist einer der Verkaufsschlager der Patis-serie »TörtchenTörtchen«, deren Backstube sich in der Barbarastraße in Riehl befindet. Dort wird die Produktion frühmorgens begonnen, denn bereits um neun Uhr öffnen die beiden Cafés in der Apos-telnstraße und der Neusser Straße für die ersten Frühstücksgäste. Die Lokale, in denen auch Kunstausstellungen stattfinden, haben sich zu wahren Publikumsmagneten entwickelt – französische Patisserie ist eben absolut en vogue.

Kein Wunder also, dass die Kunden auch mal hinter die Kulis-sen schauen und wissen möchten, wie denn diese verflixt leckeren Macarons gemacht werden. Konditormeister Matthias Ludwigs hat das mit seinem Team so gelöst, dass sich alle Interessierten an di-versen Tagen im Jahr für einen kleinen Rundgang mit Verkostung in der Backstube anmelden können. Kinder, die lieber unter ih-resgleichen bleiben wollen, können mit bis zu zwölf Personen an einem Geburtstags-Workshop teilnehmen – Kuchentafel und Getränke inklusive. Und eine TörtchenTörtchen-Schürze gibt es

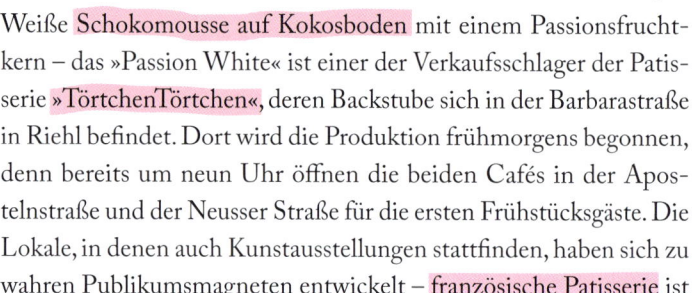

noch dazu.

Im Schlaraffenland für alle, die auf Süßes stehen, gibt es außer den bewährten Törtchen, Pralinen, Tartes und Croissants auch regelmäßig Neukreationen wie die Tökolade: lecker, laktosefrei und vegan. Kostprobe gefällig?

Adresse TörtchenTörtchen Backstube, Barbara-straße 3–9, 50735 Köln-Riehl, www.toertchentoertchen.de // ÖPNV Bahn 13, 16, Haltestelle Amsterdamer Straße, Bus 140, Haltestelle Barbarastraße // Öffnungszeiten Besichtigung nach Voranmeldung (Tel. 0221/1707108). Kindergeburtstage in der Backstube für Sechs- bis Zwölfjährige kosten ab 349 Euro inklusive Verpflegung.

TIPP: Um die Ecke befindet sich der riesige »Megazoo«. In dem Geschäft leben ganz unterschiedliche Tiere, die ein neues Zuhause suchen.

11_DAS BAPTISTERIUM

Kölns erstes Taufbecken

Seit 2016 funkelt und glänzt es hier wieder – zumindest an der Decke. Wirklich ein Grund zur Freude! Denn Kölns ältestes Taufbecken war lange unter dem Schutt der Geschichte vergraben.

Als man das steinerne Becken aus dem 6. Jahrhundert nach Christus bei Bauarbeiten im Jahr 1866 fand, schützte man es erst einmal durch einen Bau aus Ziegelsteinen.

Obwohl das Becken als eines der ältesten heute noch sichtbaren Zeugnisse des Christentums im Rheinland eigentlich eine Sensation darstellt, führte es in den vergangenen Jahrzehnten – in einer eher versteckten, schäbigen Ecke unterhalb des Doms – ein Schattendasein.

Heute ist der große, beleuchtete Vorraum durch ein Gitter aus Goldbronze geschützt, aber durch ein Panoramafenster rund um die Uhr von außen einsehbar.

Das besondere Licht, das man nach Einbruch der Dunkelheit hier erleben kann, stammt von der Installation des Künstlers Mischa Kuball, die irgendwie an eine Discokugel erinnert. Ob das Absicht ist? Wohl eher nicht.

Taufen finden an dem achteckigen Becken zwar nicht mehr statt, aber besichtigen kann man diesen besonderen Ort schon – entweder nach Voranmeldung oder bei einer öffentlichen Führung. Spannend: Das Becken war ursprünglich das Herzstück einer Taufkapelle, die östlich der frühchristlichen Bischofskirche der Stadt Köln stand. Eigentlich ein schönes Gefühl, dass genau hier schon vor so vielen Jahrhunderten Menschen getauft wurden – übrigens früher erst als Erwachsene.

TIPP: Unter www.koelner-dom.de/informationen/kinderapp gibt es eine App zum Runterladen, mit der man den Dom auf besondere Art und Weise entdecken kann.

Adresse Kölner Dom, Domkloster 4, 50667 Köln-Altstadt-Nord, von hier fußläufig 5 Minuten zur Rückseite des Doms, www.domfuehrungen-koeln.de/Baptisterium // **ÖPNV** Bahn 5, 16, 18, Haltestelle Dom/Hbf

12_ DER BAUI

Kinder an die Macht

Köln ist eine ewige Baustelle – das wissen alle. Und obwohl die meisten Menschen in der Stadt davon ganz schön genervt sind, gibt es in der Südstadt doch einen Ort, an dem das sogar sehr erwünscht ist: den Bauspielplatz im Friedenspark – kurz Baui genannt.

Seit den 70er Jahren wächst und gedeiht der Platz, ständig entstehen neue Buden und Hängebrücken von Kinderhand auf dem Gelände vor dem Fort I. Getragen wird die Einrichtung seit 1998 von der Jugendzentren Köln gGmbH, die ein richtig tolles, volles Programm für Kinder von 6 bis 18 Jahren auf die Beine stellt. In erster Linie wird hier aber täglich ab 15 Uhr gespielt, gehämmert, gesägt und gebaut – unter pädagogischer Anleitung zwar, aber dennoch weitestgehend selbstbestimmt und frei. Ein bisschen wie in der alten TV-Serie »Die Kinder aus der Krachmacherstraße« ist Mitsprache ausdrücklich erwünscht!

Wer möchte, kann sich beispielsweise für das Hausparlament zur Wahl stellen. Dann ist man Sprachrohr für die anderen Kinder oder kann eigene Ideen einbringen wie die nächste Party oder eine besondere Ferienfreizeit. In Berlin waren die Kölner Kinder schon. In Dänemark sowieso. Aber alle sind sich einig: In Kölle ist es am coolsten. »Koelle im Bau!«, rufen alle, krempeln die Ärmel hoch, und dann geht es wieder los auf der Baustelle. Eltern müssen – nach Möglichkeit – draußen bleiben.

Ein kleiner Trost für die Erwachsenen: Rund um das ehemalige Fort I – direkt am Agrippinaufer gelegen – kann man zwischen überwucherten Ruinen und verwinkelten Wegen auf Entdeckungstour gehen. Über allem wacht ein riesiger Bronzeadler und schaut nach dem Rechten.

Adresse Bauspielplatz Friedenspark, Hans-Abraham-Ochs-Weg 1, 50678 Köln-Altstadt-Süd, baui.jugz.de / info // Öffnungszeiten für Kinder Mo – Fr 12 – 18 Uhr, Jugendcafé Schickeria: Mo – Fr 14 – 22 Uhr

TIPP: Im »Cöln Comic Haus« in der nahen Bonner Straße dreht sich alles um Superhelden. Auf 160 Quadratmetern kann man hier samstags und nach Vereinbarung die Galerie besuchen oder Kindergeburtstage feiern. (www.coeln-comic.de)

13_DAS BIENENHAUS IN FINKENS GARTEN

Honig für Stadtkinder

Es summt und säuselt, brummt und wuselt – es scheint, als komme das ganze Bienenvolk heute geschlossen zur Vollversammlung. Die graubraunen Tiere mit den hellen Ringen am Hinterleib, die im Bienenhaus des »Kölner Imkervereins von 1882 e. V.« leben, sind gerade sehr aufgeregt: Der neue Honig ist fertig, und dieses Mal ist er besonders gut gelungen. Golden sieht er aus, und süß ist er, süßer noch als Schokolade. Hmmmm.

Neben der Honig-Verkostung erfährt man eine Menge bei den Führungen im Bienenhaus. Zum Beispiel, dass die Biene eines der wichtigsten Nutztiere nicht nur in unserer Region ist. Und heutzutage in ihrer Art leider bedroht. Umweltgifte und Stress machen den Tieren so zu schaffen, dass es sich die meisten Imkervereine – auch und gerade in der Stadt – zur Aufgabe gemacht haben, die Zucht weiter auszubauen. Wie hier in Finkens Garten, einem unglaublich tollen Naturerlebnispark, der nach seiner Gründerin – dem legendären Fräulein Finken – benannt ist. Fünfmal so groß wie ein Fußballplatz, gibt es auf der Anlage neben einem Duftgarten, dem Baumtelefon und der Streuobstwiese unzählige Wild- und Kulturpflanzen, die es zu bestäuben gilt.

Auch wer selbst Imker werden möchte, wird hier ausführlich beraten. Aber Vorsicht: Bis zu 60.000 Tiere leben in einem Bienenvolk. Man braucht also neben Fachwissen, Startkapital und ein bisschen Platz vor allem eins: viel Geduld und Verantwortungsgefühl.

TIPP: Auch die Gruppe »Just Bee« aus Ehrenfeld bringt Interessierten den Umgang mit Bienen bei. In der »Gartenwerkstadt« findet am 1. Sonntag im Monat ein Kindertag rund ums Thema Natur statt. (www.gartenwerkstadt-ehrenfeld.de)

Adresse Friedrich-Ebert-Straße 49, 50996 Köln-Rodenkirchen //
ÖPNV Bahn 16, 17, Haltestelle Rodenkirchen, Bus 131, Haltestelle
Römerstraße / Konrad-Adenauer-Straße // **Öffnungszeiten** Jeder
2. und 4. So im Monat (April – Nov.) und Ostersonntag 11 – 16 Uhr.
Finkens Garten ist täglich von 9 Uhr bis Sonnenuntergang geöffnet
(https://www.koelner-imkerverein.de). Kostenlose Führungen
für Gruppen aus Kindertagesstätten und Schulen sind nach
Voranmeldung möglich.

14_DER BLÜCHERPARK

Spielplatz für Enten und Menschen

Ausgerechnet nach dem skrupellosen »Marschall Vorwärts« alias Gebhard Leberecht von Blücher hat man im Jahr 1913 den ersten Volkspark in Köln benannt, den Blücherpark. Dabei ist die wunderschön gestaltete Parkanlage, die sich vom Stadtteil Ehrenfeld bis rüber nach Bilderstöckchen zieht, eher ein Ort der Stille und des Friedens.

Neben den hohen, 100 Jahre alten Bäumen, einer riesigen Picknickwiese, dem Trimm-dich-Pfad und einem Schrebergarten stellt der Kahnweiher von jeher das Herzstück der Anlage dar. An der sogenannten Kahnstation kann man sich bei gutem Wetter ein Boot ausleihen oder mit einer Schorle im Biergarten – mit Blick aufs Wasser – niederlassen.

Im Herbst erobern dann die Schwäne und Enten ihr Terrain zurück. Während sie auf dem See gemächlich ihre Kreise ziehen, interessieren sich die Kleinen wohl doch eher für den traumhaften Spielplatz, der nach vier Jahren Bauzeit im Sommer 2017 endlich fertig geworden ist. Hier können sie in aller Ruhe rutschen, klettern, buddeln und balancieren.

In aller Ruhe? Von wegen. Selbst wenn man den Autolärm ausblendet, hört man an den Nachmittagen die Jungs von »Vorwärts Blücherpark« auf dem Ascheplatz trainieren. Das hätte dem alten Marschall sicher gefallen: eine eigene Fußballmannschaft, die nach (s)einer Pfeife tanzt. Dabei hat Trainer Martin mit ihm so überhaupt keine Ähnlichkeit …

Adresse Parkgürtel, 50823 Köln-Ehrenfeld,
www.bluecherpark-koeln.de // ÖPNV Bahn 5, Haltestelle Nußbaumerstraße, Bahn 13, Haltestelle Escher Straße //
Öffnungszeiten Biergarten mit Bootsverleih Mo – Sa ab 14 Uhr, So und Feiertage mit Frühstück ab 10 Uhr

TIPP: »Ein Leben ohne Kuchen ist möglich – aber sinnlos!« So lautet das Motto des »Café Franck«, das sich zehn Gehminuten vom Blücherpark entfernt befindet. Täglich außer montags kann dort geschlemmt werden. (www.cafe-franck.de)

15_DIE BLUTSÄULE

Zauberkräfte in Sankt Gereon

Keine Sorge, zum Glück fließt an diesem Ort kein echtes Blut. Und doch ist die Blutsäule – auch Schreckenssäule genannt – nicht umsonst seit Jahrhunderten ein Wallfahrtsort für Pilger und Sehenswürdigkeit für neugierige Touristen. Es heißt nämlich, sie könne zwischen Gut und Böse, Recht und Unrecht unterscheiden. Der Legende nach soll an dieser Stelle der später heiliggesprochene römische Befehlshaber Gereon – dessen riesiger Steinkopf als Kunstwerk vor der Kirche liegt – mit seiner Legion wegen ihres christlichen Glaubens getötet worden sein. Bei der Hinrichtung floss das Blut der Märtyrer über die Säule und verlieh ihr die Zauberkraft, Böse um die Ecke zu bringen. Grusel!

Kann sein, dass die französischen Soldaten, die 1794 an der Kirche vorbeikamen, von dieser Geschichte gar nichts wussten. Jedenfalls raubten sie die Blutsäule und wollten sie nach Paris bringen, wobei sie jedoch unterwegs zerbrach. Selbstverständlich sind die Übeltäter danach alle verstorben, und ein Teil der Säule wurde nach einer abenteuerlichen Reise im Jahr 1925 wieder nach Köln zurückgebracht. An all das erinnert die lateinische Inschrift der Tafel mit den Worten: »Rein an diesem Stein soll einst das Blut gegossen sein!«

Übrigens gab es im Mittelalter richtig viele Römer-Fans, die deren Baustil für ihre christlichen Gotteshäuser kopierten. Zwölf romanische Kirchen in Köln haben deshalb die typischen Rundbögen, beeindruckende Deckengewölbe, massive Säulen und verhältnismäßig kleine Fenster. Doch nur in Sankt Gereon gibt es eine Blutsäule, die – wenn sie es könnte – die Geschichte der Basilika sicher ganz anders erzählen würde.

TIPP: Am letzten Sonntag im Monat findet in der katholischen Kirche St. Gereon um 11 Uhr ein Gottesdienst ausdrücklich für Familien und Kinder statt.

Adresse Gereonskloster 2, 50670 Köln-Altstadt-Nord, www.stgereon.de // **ÖPNV** Bahn 12, 15, Haltestelle Christophstraße / Mediapark // **Öffnungszeiten** Mo – Sa 10 – 18 Uhr, So 12.30 – 18 Uhr

16_ DIE B.O.J.E.

Halt am Bahnhof

Unzählige Menschen. Lärm. Gefahr. Für Kinder und Jugendliche kann eine Großstadt wie Köln ganz schön unübersichtlich und beängstigend sein. Vor allem für die, die kein richtiges Zuhause haben, soll der umgebaute Linienbus am Bahnhof – ein Angebot des Vereins »Auf Achse / Kinder, Jugend und soziale Hilfen« in Kooperation mit dem Gesundheitsamt – wie eine Boje im gefährlichen Meer sein. Also so etwas wie ein bunter Schwimmkörper, an den man sich klammern kann.

Die meisten Jugendlichen, die den von Studierenden der »Köln International School of Design« gestalteten Linienbus aufsuchen, sind schon fast erwachsen. Aber es gibt auch jüngere Besucher, die den gemütlichen Innenraum nutzen. Hier gibt es eine Spielesammlung, altersgerechte Zeitschriften und sogar ein Ausmalbuch mit echt krassen Schimpfwörtern – beliebt sind natürlich auch der Computer und die hintere Sitzreihe. Die belagern ja auch im KVB-Bus immer die Coolen.

Diejenigen, die dringend Hilfe brauchen, sind vor allem am Vormittag willkommen. Dann nimmt man sich für sie richtig viel Zeit. Mehr als 500 Jugendlichen wird hier im Jahr geholfen – kostenfrei und natürlich nur auf eigenen Wunsch.

Am Wochenende fährt der Bus übrigens von seinem Stammplatz vor dem Musical Dome auf den KVB-Parkplatz. Hier kann er sich unter seinesgleichen ein wenig ausruhen. Auch eine Boje muss sich mal treiben lassen – das ist doch klar!

Adresse Rückseite des Kölner Hauptbahnhofs, auf dem Busbahnhof am Breslauer Platz (vor dem Musical Dome), www.auf-achse.de / unsere_arbeit_boje.htm // ÖPNV Bahn 16, 18, Bus 132, 133, Haltestelle Breslauer Platz / Hbf // Öffnungszeiten Mo, Di 14–17 Uhr, Mi, Do 11–12.30 Uhr (offene Einzelberatung), Fr mit Frühstück 10–13 Uhr. Ergänzt wird das Angebot Mo und Do von 14.30 bis 16.30 Uhr durch einen Arzt und eine Krankenschwester des Mobilen Medizinischen Dienstes des Gesundheitsamtes.

TIPP: Nur fünf Minuten Fußweg vom Bahnhof entfernt, in der Johannisstraße 67, kann man bei »Deko Festartikel Schmitt« nach Kostümen, Masken, Scherzartikeln, Perücken und Gimmicks für Partys und Kindergeburtstage stöbern.

17_DAS BÜDCHEN AM NIKOLAUSPLATZ

Kinder, Kultur und Eistee vom Feinsten

»Eine gemischte Tüte!«, rufen die Kinder schon von Weitem, wenn sie auf das türkisfarbene Büdchen zulaufen. Vom Spielplatz am Nikolausplatz ist der Kiosk nur einen Steinwurf entfernt, weshalb auch die Kleinsten diesen Einkauf selbst erledigen können. Vor allem weiße Gummimäuse sind der Renner – zehn Cent kostet eine, da kann man sich auch schon mal eine zweite leisten, nicht wahr? Oder doch lieber noch einen Becher vom selbst gemachten Eistee? Die frischen Blumen auf der Theke laden zum Verweilen ein. Perfektes Urlaubsfeeling in Sülz – auch im Winter!

So beschaulich ging es nicht immer an dem Platz gegenüber der Kirche Sankt Nikolaus zu. Bis 1948 trainierte dort, wo sich heute der Spielplatz befindet, der Fußballverein SpVgg Sülz 07. Legendär ist die Geschichte, dass dieser später mit dem BC 01 Klettenberg zum 1. FC Köln fusionierte! Ob diese Entscheidung sogar am Büdchen gefällt wurde?

Nachdem im Jahr 2016 zum wiederholten Mal die Schließung des Kiosks drohte, erfüllte sich ein Nachbar – im Hauptberuf eigentlich Arzt – den Traum vom familienfreundlichen Kiosk. Seither kümmert er sich mit einer Gruppe Anwohner, die ihn ehrenamtlich unterstützen, darum, dass es hier neben Süßem und Saurem auch Lebensmittel gibt, die im eigenen Veedel hergestellt werden: Honig von Bienenstöcken aus der Gerolsteiner Straße oder Kaffee einer Rösterei an der Ägidiusstraße. Ganz neu ist das Angebot des Kiosks, die nahe Litfaßsäule – sonst eher von Kunststudenten bespielt – nun auch Anwohnern für Aktionen zur Verfügung zu stellen. Es wird also immer bunter in Sülz. Nichts wie hin!

TIPP: Der Spielplatz auf dem Nikolausplatz ist ein toller Ort mit Kletterwand und Sandkasten. Dort kann man auch Tischtennis spielen und an der Reckstange Klimmzüge üben.

Adresse Ecke Nikolausplatz und Remigiusstraße, 50937 Köln-Sülz, https://www.facebook.com/kaffeebuedchen/?fref=mentions // **ÖPNV** Bahn 18, Haltestelle Weißhausstraße, Bahn 13, Haltestelle Berrenrather Straße / Gürtel, Bus 130, 131, Haltestelle Berrenrather Straße // **Öffnungszeiten** bei schönem Wetter täglich ab circa 15 Uhr, außer Di, So auch früher

18_ DER BUTZWEILERHOF

Höhenflug am alten Flughafen

Die alte »Tante Ju« fliegt zwar auch heute noch über Köln. Aber auf dem Flughafengelände Butzweilerhof gibt es schon lange kein Rollfeld mehr für das dreimotorige Flugzeug aus dem Jahr 1932. Dafür steht nach wie vor die Flugzeughalle 1 am »Butz« – da passten zu Glanzzeiten gleich fünf der damals größten Passagiermaschinen nebeneinander rein. An diesem Ort, der später das »Luftkreuz des Westens« genannt wurde, begann 1926 die zivile Luftfahrt in Köln.

Dass das heute unter Denkmalschutz stehende Gebäude, das nach dem Bau des neuen Flughafens in der Wahner Heide zeitweise einfach zugemauert war, heute besichtigt werden kann, ist der »Stiftung Butzweilerhof Köln« zu verdanken. Hier kann man den Tower für die Luftaufsicht mit seinem gläsernen Aufbau ebenso bewundern wie die imposante Eingangshalle mit rekonstruierter Gepäckaufbewahrung. Selbst die alten Lampen wurden nachgebaut, sodass man einen Eindruck davon bekommt, wie stilvoll die Reisenden seinerzeit begrüßt wurden. Im damaligen Restaurant mit Außenterrasse sorgte im Winter sogar ein Kamin für Gemütlichkeit. Ein Flughafen-Boy rief dann die Reisenden und ihre Flüge aus, sobald es losging. Manchmal wartete der Pilot mit dem Abflug noch so lange, bis der Gast fertig gegessen und bezahlt hatte.

TIPP: Das Gelände rund um den alten Flughafen beherbergt die »Motorworld Köln | Rheinland«, wo man eine der weltweit bedeutendsten Sammlungen des Motorsports besichtigen kann, die Formel-1-Legende Michael Schumacher zusammengetragen hat. (www.motorworld.de/home/koeln-rheinland)

Adresse Butzweilerstraße 35 – 39, 50829 Köln-Ossendorf, www.butzweilerhof.de // **ÖPNV** Bahn 5, Haltestelle Alter Flughafen Butzweilerhof // **Öffnungszeiten** Führungen nach Anmeldung (Tel. 0221/593538)

19_DER CAMPINGPLATZ BERGER ★★

Wohnen am Rheinkilometer 681

Zwei kleine Möpse chillen gemütlich vor dem Wohnwagen, während Laura und Sophie heute mit Spülen dran sind. Spontan machen die Mädchen aus den Niederlanden auf dem Weg noch einen Abstecher zum Spielplatz und zum Hühnergehege. Ihre Eltern sitzen eh am anderen Ende des Campingplatzes und spielen mit den Leuten aus dem Nachbarzelt eine Partie Karten. Zeit ohne Ende. Freiheit pur also auf dem Campingplatz Berger – für Groß und Klein.

Es ist wohl der nahe Fluss, der sich auf Mensch und Tier so beruhigend auswirkt. Bereits 1931 beschloss Jakob Berger – der Großvater des heutigen Betreibers –, sich am Rheinkilometer 681 mit einem Bootshaus niederzulassen. Der heute sehr moderne Stadtcampingplatz gehört somit zu den ältesten seiner Art in Deutschland. Zu den Gästen zählen außer den Dauercampern, die fast jedes Wochenende hier sind, auch Tagestouristen, die sich vor Ort beispielsweise Räder ausleihen, um von hier aus Köln zu erkunden. Ein Picknick am Rheinufer ist da ebenso beliebt wie ein Spaziergang durch den nahen Wald.

Und wer sich doch mal ein richtiges Bett oder einen Restaurant-Besuch gönnen will, wird ebenfalls fündig – nämlich im ersten Stock des Empfangsgebäudes.

Laura und Sophie stehen eher auf eine Currywurst im Weckglas mit Pommes aus dem Biergarten, der von Mai bis Oktober an den Wochenenden geöffnet hat. Kleiner, aber entscheidender Nebeneffekt: Man muss danach auch nicht spülen.

Adresse Uferstraße 73, 50996 Köln-Rodenkirchen, www.rheinkilometer681.de // **ÖPNV** Bus 135, Haltestelle Uferstraße // **Öffnungszeiten** Rezeption Mo–Fr 8–20 Uhr, Biergarten Mai–Okt. Fr, Sa ab 16 Uhr, So ab 12 Uhr

TIPP: In direkter Nähe befindet sich ein Mini-golfplatz mit 18 Bahnen. Die Öffnungszeiten kann man unter www.minigolf-rodenkirchen.de einsehen.

20__DER CARLSGARTEN

Pizza unterm Kirschbaum

Hermann ist kein Junge, sondern ein Teig. Genauer gesagt ein Sauerteig, der davon träumt, später mal eine Pizza zu sein. Und als er hört, dass es im CARLsGARTEN im Stadtteil Mülheim jeden dritten Sonntag im Monat eine Gartenparty gibt, zu der der Pizzaofen angeheizt wird, macht er sich auf den Weg dorthin. Da staunt er nicht schlecht, dass an diesem Ort, wo sich – wegen des geplanten Theaterneubaus in der Innenstadt – das Kölner Schauspiel angesiedelt hat, wahrhaft paradiesische Zustände herrschen.

Seit die Schwestern Melanie und Michaela Kretschmann zusammen mit Mitarbeitern und Nachbarn neben dem Schauspiel einen Garten angelegt haben, der die einst kahle Industriefläche wahrhaftig in eine Oase verwandelt hat, ist hier auch unter der Woche immer mal was los. Umringt von rostigen Überseecontainern auf der einen Seite und dem Theater und dem Restaurant »Offenbach« auf der anderen, kann man sich zwischen Lavendel, Rucola und Lorbeer auf den Holzbänken niederlassen und einfach die Seele baumeln lassen. Auch Mithelfen ist erwünscht, denn das Projekt finanziert sich – von der Teilzeitstelle des Gärtners Alwin abgesehen – nur durch Spenden und ist angewiesen auf die ehrenamtliche Mitarbeit der Kölner Bürger und den großen Einsatz der Theatermitarbeiter, die in ihrer Freizeit Unkraut zupfen, Tulpenzwiebeln pflanzen und – so stellt man es sich jedenfalls vor – dabei ihren Text lernen. Für Hermann jedenfalls geht hier ein Traum in Erfüllung: einmal Pizza sein und Star der Gartenparty. Was für ein schillernder bunter Ort!

Adresse Schanzenstraße 6–20, 51063 Köln-Mülheim, www.schauspiel.koeln/haus/carlsgarten, Kontakt: Melanie Kretschmann (Gartenleitung), Michaela Kretschmann (Gartenmanagement) unter garten@buehnenkoeln.de // ÖPNV Bahn 4, Bus 152, 153, 190, Haltestelle Keupstraße // Öffnungszeiten immer geöffnet, Mo 10–14 Uhr Gartensprechstunde, Do 14–17 Uhr gemeinsames Gärtnern, jeden 3. So im Monat 13–17 Uhr Gartentag

TIPP: Direkt gegenüber vom CARLsGARTEN befindet sich das »Stuntwerk« – ein Zentrum für Bouldern, Parkour und Fitness, wo man auch abenteuerliche Kindergeburtstage buchen kann. (www.stuntwerk.de)

21_DANK AUGUSTA

Picknick in der Flora

Schon mal was von Augusta Marie Luise Katharina von Sachsen-Weimar-Eisenach gehört? Als Königin von Preußen hatte sie im Jahr 1863 die Schirmherrschaft über den damals neuen Botanischen Garten – die heutige Flora – übernommen. Besonders beeindruckt war die spätere deutsche Kaiserin davon, dass sich hier alle Bürger kostenfrei aufhalten durften – egal, ob arm oder reich. Und das ist bis heute so geblieben.

Eine steinerne Büste in der Flora erinnert an die Frau, die dem kinderfreundlichen Restaurant auf der großen Terrasse des palastähnlichen Festhauses seinen Namen gab.

Das eigentlich Tolle am »Dank Augusta« ist die Idee, dass man sich auf Wunsch eine Picknicktasche packen lassen kann. Die Auswahl auf der Speisekarte ist vielfältig: Wie wäre es beispielsweise mit einem »Nur Heute«-Salat, einem Couscous-Salat mit Minze oder einer Laugenbrezel mit Butter, die man auf der herrschaftlichen Treppe mit Blick auf den Springbrunnen oder auf einer der Sonnenbänke hinter dem Palmengarten verzehren kann?

Frisch gestärkt, empfiehlt es sich dann, das Tropenhaus und die vier Schaugewächshäuser aufzusuchen. In dem 150 Jahre alten Botanischen Garten kann man mehr als 10.000 Pflanzenarten bestaunen. Und während viele in der kalten Jahreszeit sozusagen in Winterschlaf fallen, beginnen die Kamelien ganz besonders prachtvoll zu blühen. An diesen »Rosen des Winters« hätte Kaiserin Augusta sicher auch ihre helle Freude gehabt …

TIPP: In der »Grünen Schule Flora« können Schüler das vielfältige Pflanzenreich unter fachkundiger Anleitung mit allen Sinnen erfahren. Die Teilnahme ist für Schulklassen kostenfrei! Anmeldung unter Tel. 0221/5608923 (Mo 14–15.30 Uhr).

GARTENLOKAL

Adresse Am Botanischen Garten 1a, 50735 Köln-
Riehl, www.dankaugusta.de // ÖPNV Bahn 16,
Haltestelle Kinderkrankenhaus, Bahn 18, Bus 140,
Haltestelle Zoo/Flora // Öffnungszeiten täglich ab
11.30 Uhr bis Sonnenuntergang (bei schönem Wetter)

22_DAS DEUTSCHE SPORT- UND OLYMPIAMUSEUM

Nachts im Museum

Es sind die fünf berühmten bunten Ringe, die ineinandergreifen. Sie stehen stellvertretend für den Sport auf den Kontinenten Europa, Asien, Afrika, Amerika sowie Australien und erstrahlen in den Farben fast aller Nationalflaggen – im Licht der Taschenlampen wirkt die riesige olympische Fahne noch viel majestätischer als sowieso schon. Taschenlampen? Ja, richtig gelesen. Im Deutschen Sport- und Olympiamuseum kann man nicht nur tagsüber in 3.000 Jahren Sportgeschichte stöbern, sondern auch an einer Führung teilnehmen, wenn alle anderen das Museum bereits verlassen haben. Plötzlich erscheint die Statue des riesigen Herkules im ersten Stock oder auch der Schwebebalken am Ende des langen Gangs in einem ganz anderen Licht. Im wahrsten Sinne des Wortes!

150.000 Besucherinnen und Besucher kommen jährlich in das Museum, das im November 1999 seine Tore öffnete. Das Ausstellungshaus bietet nicht nur mehr als 2.500 historischen Kostbarkeiten Platz – darunter Schumis erster WM-Formel-1-Flitzer und der erste Gesichtsschutz des Deutschen Eishockeys –, sondern auch viele Möglichkeiten, die eigene Geschicklichkeit zu testen: im Boxring beispielsweise, beim antiken Weitsprung oder auf einem Fahrrad im Windkanal.

Ganz besonders toll jedoch ist es auf dem Dach des Museums: Hier können Kinder – mit wunderbarem Blick auf den Rhein und die Severinsbrücke – auf zwei Plätzen mit Kunstrasen bolzen, Basketball spielen oder einen tollen Sport-Geburtstag verleben. Marmorkuchen und Trillerpfeife inklusive!

Adresse Im Zollhafen 1, 50678 Köln-Altstadt-Nord, www.sportmuseum.de // ÖPNV Bus 133, Haltestelle Schokoladenmuseum, Bahn 1, 5, 7, 9, Haltestelle Heumarkt // Anfahrt Adresse Harry-Blum-Platz 2, 50678 Köln ins Navi eingeben und in der Tiefgarage Rheinauhafen parken // Öffnungszeiten Di–Fr 9–18 Uhr, Sa, So und Feiertage 11–19 Uhr

TIPP: Gegenüber befindet sich die 200 Jahre alte »Historische Senfmühle«. Fast täglich werden hier Führungen angeboten – für Kinder bis elf Jahre ist der Eintritt frei!

23_DAS DEUTSCHE STAUBARCHIV

Auf der Suche nach der Wollmaus

Alles so schön staubig hier. Einer, der sich besonders darüber freut, ist Dr. Wolfgang Stöcker, der vor einigen Jahren das Deutsche Staubarchiv gegründet hat. Auf der ganzen Welt ist er mit Pinsel und Lupe unterwegs und untersucht das, was andere lieber loswerden wollen. Der Staub landet dann in durchsichtigen Tütchen in einem Ordner, daneben werden fein säuberlich die Fundstelle und das Finde-Datum notiert. Inzwischen lagern in der Sammlung schon Stäube aus dem berühmten Persepolis im Iran, dem Empire State Building oder auch der Kathedrale La Sagrada Família in Barcelona. Aber die allererste Probe des Deutschen Staubarchivs aus dem Jahr 2004 stammt natürlich vom Kölner Dom. Für Staub-Forscher wie Stöcker sind die grauen Flusen fast wertvoller als Gold, weil man an ihnen sehr viel ablesen kann.

Das heutige Köln ist genau genommen auf Geröll, Dreck und Staub erbaut worden. Die Römer nämlich lebten vor rund 2.000 Jahren einige Meter tiefer. Weniger bekannt ist, dass sich unsere scheinbar stabilen Gebäude mit der Zeit auch auflösen werden. Der Beweis: Nimmt man einen Pinsel und entstaubt beispielsweise die Kirche Groß Sankt Martin in der Kölner Altstadt, wird man sehen, dass sich der Stein in feine Brösel auflöst. Ein Großteil der Kirche besteht nämlich aus Trachyt vom Drachenfels, nichts anderes also als Staub, der unter enormer Hitze zusammengebacken wurde. Wer übrigens selbst Staub-Scout werden will, kann Proben von einem ganz besonderen Ort – samt Foto der Fundstelle – einschicken.

TIPP: Wer sich darüber hinaus für die romanischen Kirchen in Köln interessiert, kann beim »DOMFORUM« eine Gruppenführung eigens für Jugendliche buchen. Sehr zu empfehlen!

Adresse Am Fliederbusch 21, 50827 Köln-Bickendorf, www.deutsches-staubarchiv.de, http://stoeckers-stadt.de // **ÖPNV** Bahn 3, 4, Haltestelle Akazienweg // **Öffnungszeiten** »Stöckers Staubführungen« durch Köln wie auch die Führung »Sagen, Spuk, Legenden« und die Tour »Die Römer« kann man telefonisch (Tel. 0221/1793984) oder per Mail (mail@stoeckers-stadt.de) buchen.

24_DAS DEUTZER RÖMER-KASTELL »DIVITIA«

Auf Spurensuche am Rhein

Das heutige Deutz galt zur Zeit der Römer als »Barbarenland«. Während man in der Colonia Claudia Ara Agrippinensium – dem heutigen Köln – bereits eine beeindruckende Stadt errichtet hatte, sagten sich am anderen Ufer noch Biber und Elche (ja, echt!) Gute Nacht. Als dann Konstantin der Große um das Jahr 310 eine Brücke über den Rhein bauen ließ, musste der Zugang natürlich vor Feinden gesichert werden. Und so entstand ein imposantes Kastell am rechten Rheinufer, in dem zeitweise ein Heer von 800 bis 1.000 Legionären lebte.

Rein modisch lief da unter einem silbernen Kammhelm, einem Schild und einem gefährlichen Langschwert nichts – der Römer im Kastell Divitia sollte ja Respekt einflößen.

Noch heute kann man dort Reste dieser einst mächtigen Festungsanlage finden, wenn man sich ein bisschen Zeit für die Suche nimmt. Denn sieht man ganz genau hin, erkennt man im Bodenbelag rund um das ehemalige Kloster Sankt Heribert bis hin zur Platzfläche zwischen Kirche und LANXESS Tower dunkle Pflasterungen, mit denen die Lage der Kastellbauten gekennzeichnet ist. Ein Schaukasten und Infotafeln geben Auskunft, an welch geschichtsträchtigem Ort man sich hier befindet.

Noch spannender wird es, wenn der Förderverein »Historischer Park Deutz e. V.« (FHPD) zum dreitägigen Kastellfest mit Vorträgen, einem Antik- und Trödelmarkt und einer Wissens-Rallye für Groß und Klein einlädt und man den 1.700 Jahre alten Gewölbekeller betreten darf. Da ist römische Geschichte plötzlich ganz nah!

Adresse Urbanstraße 1, 50679 Köln-Deutz // **ÖPNV** Bahn 1, 7, 9, Haltestelle Deutzer Freiheit // **Öffnungszeiten** oberirdisch ganzjährig, den Gewölbekeller kann man nur bei den öffentlichen Führungen des Fördervereins besichtigen (www.fhpd.de)

TIPP: Nicht weit von hier findet zweimal im Jahr die Deutzer Kirmes statt. Publikumslieblinge sind die »Wilde Maus« oder auch der »Musik-Express«. Beendet wird das Spektakel mit einem beeindruckenden Feuerwerk.

25__DINGER'S GARTENCENTER

Kinder im Pflanzenparadies

Manchmal stehen Stadtkinder ja wirklich auf dem (Garten-)Schlauch. Zum Beispiel wenn es darum geht, Pflanzen zu bestimmen. Oder wenn die Frage im Raum steht, wie man sie umtopft und pflegt. Weiß jemand, warum das Löwenmäulchen einen so außergewöhnlichen Namen hat? Wer könnte solche speziellen Fragen neugieriger Kindern besser beantworten als eine ganze Familie von Gärtnern in mehreren Generationen? Bei den Dingers, denen Kölns größtes Gartencenter gehört, finden alle Gehör. Jedenfalls zu den üblichen Ladenöffnungszeiten und wenn Kindergartengruppen und Schulklassen an einer Führung oder den anderen Aktionen teilnehmen, bei der sie selbst Kürbisse schnitzen und in der Erde wühlen dürfen.

Tatsächlich war das Dinger's Gartencenter 1960 das erste Geschäft, das auf Selbstbedienung setzte – ein Trend, der vor vielen Jahrzehnten aus den USA herüberschwappte und sich fast überall durchgesetzt hat. Jeder Kunde nimmt sich seitdem also am Eingang einen Einkaufswagen (es gibt auch kleine für Kinder!), um die 30.000 Quadratmeter große Ladenfläche zunächst auf eigene Faust zu erkunden. Ist ein Fachgespräch vonnöten, ist das natürlich auch jederzeit möglich. Zu langweilig für den Nachwuchs? Kein Problem: Auf dem riesigen Spielplatz mit Piratenschiff sind die Kleinen genauso beschäftigt wie ihre Eltern.

Bei allen beliebt ist das Palmencafé, wo es überdimensional große Kuchenstücke unterm Wasserfall und somit ein bisschen Urlaubsfeeling gratis dazu gibt. Und bereits ab Mitte September lockt der riesige Weihnachtsbasar zahlreiche Besucher an. Gut, dass Dinger's dann auch an vielen Sonntagen geöffnet hat.

Adresse Goldammerweg 361, 50829 Köln-Vogelsang, www.dingers.de // **ÖPNV** Bahn 3, 4, Haltestelle Bocklemünd (plus 7 Minuten Fußweg), Bus 141, 143, Haltestelle Steinkauzweg // **Anfahrt** von der Militärringstraße in den Goldammerweg einbiegen // **Öffnungszeiten** Mo–Fr 10–18 Uhr, Sa 10–18 Uhr, mehrmals im Jahr So 11–16 Uhr

TIPP: Bei www.gartenzwerg.tv kann man jede Woche einen neuen kleinen Film anschauen, der Gartenarbeit sehr anschaulich erklärt. Dahinter stecken die Leute von »gartenglück«, die auch Selbsternte-Gärten rund um Köln vermieten.

26_EMMAUS – KÖLNS GRÖSSTER SECOND-HANDMARKT

Teddy & Co suchen ein neues Zuhause

Manche bringen Dinge hin, die meisten aber nehmen etwas mit. Es ist ein ständiges Kommen und Gehen bei Emmaus in Niehl. Dabei liegt Kölns größter Gebrauchtwarenladen, der 1997 eröffnet wurde, gar nicht mal so zentral, wenngleich auch die Linie 12 fast vor der Tür hält. Zu den Kunden zählen nicht nur ärmere Leute, die sich Neuware vielleicht nicht leisten können, sondern auch Menschen mit einer ganz bestimmten Einkaufshaltung: Warum nämlich, fragen sich immer mehr Leute, soll man neue Dinge anschaffen, wenn man Altes, das noch gut ist, ebenso gebrauchen kann? Außerdem spart man auf diese Weise eine Menge Geld. Und das ist gerade für Familien mit Kindern, deren Bedürfnisse sich genauso schnell ändern wie die Kleidergrößen, nie schlecht, nicht wahr?

Vom Teddy über Winterjacken bis hin zur Spielkonsole und Möbeln wie hochwertigen Betten findet man alles in der eigens eingerichteten Kinderabteilung, die sich sehen lassen kann.

Schöner Nebeneffekt beim Shoppen: Die Einnahmen kommen einem gemeinnützigen Zweck zugute. Denn mit dem Geld werden neben der Emmaus-Wohngemeinschaft, in der Menschen verschiedener Herkunft und Nationalität leben, auch soziale Projekte im Ausland unterstützt. Das ist doch klasse, oder?

TIPP: Im Stadtmagazin »KÄNGURU« kann man online viele weitere Tipps rund ums Thema Kind finden – und natürlich auch Adressen von weiteren Gebrauchtwarenläden in Köln (www.kaenguru-online.de).

Adresse Geestemünder Straße 42, 50735 Köln-Nichl, www.emmaus-koeln.de // **ÖPNV** Bahn 12, Haltestelle Geestemünder Straße // **Öffnungszeiten** Mo–Fr 15–18 Uhr, Mi außerdem 10–12.45 Uhr, Sa 10–14 Uhr

27_ DAS FISH SPA
Wellness für Kinderfüße

Rätselfrage: Warum wird der Garra Rufa auch Knabberfisch genannt? Die Antwort erhält man ganz in der Nähe vom Rudolfplatz bei »Relaxed Feet«, wo mehr als 1.250 Fische dieser Gattung in zehn Becken herumschwimmen. Die circa vier Zentimeter großen Tiere haben vor allem ein Hobby: Knabbern. Am liebsten mögen sie also – so wie die meisten Menschen auch – Knabberzeug. Natürlich keine Chips oder Salzstangen, nein! Sie interessieren sich für Füße. Menschenfüße!

Zunächst kann man kaum glauben, was man da erlebt: Taucht man nämlich die – zuvor desinfizierten – Füße vorsichtig in ein Becken, stürzen sich circa 125 Garra Rufas darauf und beginnen, wie wild daran herumzuknabbern. Das tut überhaupt nicht weh, kitzelt höchstens ein bisschen und entwickelt sich in den nächsten Minuten zu einem richtigen Wohlgefühl. Tatsächlich lösen die Tiere nur die abgestorbenen Hautschuppen ab, die alle Menschen am Körper haben und nicht mehr benötigen. Für die Fische enthalten diese Hautpartikel lebenswichtige Proteine und Nährstoffe – die perfekte Nahrungsergänzung also.

Dass in dem großen hellen Raum von »Relaxed Feet« inzwischen nicht nur Junggesellinnenabschiede stattfinden, sondern auch Kindergeburtstage, ist schnell erklärt: Alle Menschen, selbst die quirligsten, werden nämlich beim Anblick der Tiere ganz andächtig, bevor die Party richtig losgeht. Und der Aha-Effekt danach ist enorm! Mit gut durchbluteten Füßen lässt es sich dann noch viel besser Fußball spielen oder Trampolin springen! Stimmt's?

TIPP: In der Schaafenstraße 12 befindet sich das bei Familien sehr beliebte »Café Agathe« mit großem Bällebad und einem Spielzimmer eigens für die Kleinen.

Adresse Relaxed Feet, Schaafenstraße 53–55, 50676 Köln-Altstadt-Süd, www.relaxedfeet.de // ÖPNV Bahn 1, 7, 12, 15, Bus 136, 147, Haltestelle Rudolfplatz // Öffnungszeiten Di–Sa 12–20 Uhr, Preise: ab 14,50 Euro (für 15 Minuten)

28 DIE FLOSSIS

Hoch hinaus am UNICEF-Haus

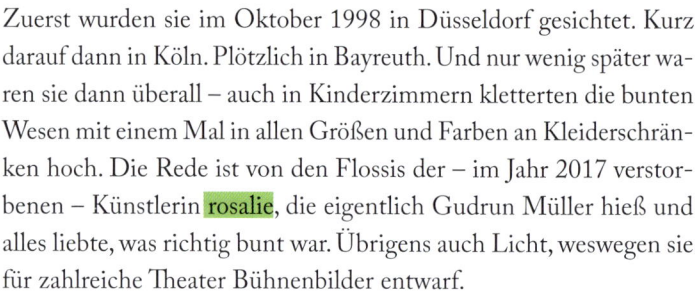

Zuerst wurden sie im Oktober 1998 in Düsseldorf gesichtet. Kurz darauf dann in Köln. Plötzlich in Bayreuth. Und nur wenig später waren sie dann überall – auch in Kinderzimmern kletterten die bunten Wesen mit einem Mal in allen Größen und Farben an Kleiderschränken hoch. Die Rede ist von den Flossis der – im Jahr 2017 verstorbenen – Künstlerin rosalie, die eigentlich Gudrun Müller hieß und alles liebte, was richtig bunt war. Übrigens auch Licht, weswegen sie für zahlreiche Theater Bühnenbilder entwarf.

In Köln haben die blauen, grünen, gelben und roten Wesen mit den riesigen Händen und Füßen an der Fassade der UNICEF-Zentrale in Zollstock ihr Zuhause gefunden. Sieben Typen suchen sich den Weg nach oben und strahlen dabei eine gelassene Fröhlichkeit aus, die hier vielleicht auch nötig ist. Die Organisation UNICEF kümmert sich nämlich schon seit 1946 in rund 150 Ländern um Kinder, denen es nicht so gut geht wie den meisten Kindern in Deutschland. Von der Kölner Zentrale aus macht man sich also weltweit stark für die Rechte von Kindern. Da kommen die bis zu 4,20 Meter hohen und 2,50 Meter breiten Kunstwerke gerade recht: So groß und kräftig und fröhlich wären sicher gerne viele Kinder, könnten sie es sich aussuchen.

Den Kölnern – vorausgesetzt, sie gehen nicht achtlos vorbei – machen die bunten Wesen aus Plastik, die der Verband der deutschen Kunststoffindustrie gestiftet hat, einfach nur Freude. Man kann zwar nicht mit ihnen spielen wie mit einem Schlumpf oder Schleich-Tier – aber für ein Fotoshooting taugen sie allemal.

TIPP: Im nicht weit entfernten kinderfreundlichen »Café Kleks« finden Kochkurse für Kinder und ihre Eltern statt. Die Betreiber sind Ernährungsberater und legen viel Wert auf ausgewogene Kost. Also, auf in die Irmgardstraße 19!

Adresse Höninger Weg 104,
50969 Köln-Zollstock / ÖPNV
Bahn 12, Haltestelle Pohligstraße

29_FLYNN'S ARCADE

Burger-Bar mit Gamer-Ecke

Der Renner unter den Burgern ist der »Liberty Dog«, eine Kombination aus selbst gebackenem Brötchen, geräuchertem Rindfleisch, süßem Senf, Röstzwiebeln, Cheddarkäse, roten Lauchzwiebeln. Dazu noch hauchdünne Kartoffelchips, die um so vieles leckerer sind als fettige Pommes. Fertig ist ein Lieblingsessen, das sicher auch Kevin Flynn verschlungen hätte. Der Programmierer, Hauptfigur des Kult-Films »Tron: Legacy« aus dem Jahr 2010, ist der Namensgeber der Burger-Bar, die sich vor allem bei Menschen über zwölf Jahren großer Beliebtheit erfreut. Übrigens nicht nur wegen der leckeren Burger und Hotdogs, sondern vor allem wegen der Gamer-Ecke, die von den Gästen kostenfrei genutzt werden kann.

Vor einer dunkel gekachelten Wand hat Wirt Ibo Kistak unter einem coolen Graffiti-Schriftzug sechs historische, originale Arcade-Automaten mit insgesamt 1.000 Retro-Videospielen aufgebaut. Während man auf das Essen wartet, kann man also Spiele wie »Streetfighter« oder »Pac-Man« ausprobieren. Als »Kids Menu« gibt es Chicken Nuggets mit Pommes und einem Softgetränk für 4,90 Euro – da kann man nicht meckern.

Kaum einen Platz in der kleinen Location findet man, wenn alljährlich die Gamescom in Köln stattfindet. Zur Spielemesse kommen dann Leute aus aller Welt, und viele von ihnen wissen sofort, wer dieser Flynn ist. Manche von ihnen kennen sogar die »Tron«-Erstverfilmung aus dem Jahr 1982. Dabei waren die meisten Burger-Fans von heute damals noch gar nicht geboren …

Unnötig zu erwähnen, dass es hier auch kostenfreies WLAN gibt …

Adresse Zülpicher Straße 46, 50674 Köln-Neustadt-Süd, www.facebook.com / Flynnsarcadecgn // **ÖPNV** Bahn 9, 12, 15, Haltestelle Zülpicher Platz, Bus 142, Haltestelle Südbahnhof // **Öffnungszeiten** täglich 11.30 – 23 Uhr, Fr, Sa bis 2 Uhr

TIPP: Das Kino »Off Broadway« befindet sich ein paar Häuser weiter. Hier werden viele Filme im Original mit Untertiteln gezeigt. Warum nicht mal Angenehmes mit Nützlichem verbinden?

30_ DER FORSTBOTANISCHE GARTEN

Pfauen-Paradies unter Mammutbäumen

Pfaue gehören zu den prächtigsten Tieren, die wir kennen. Im Forstbotanischen Garten stolzieren sie mit ihren schleppenartigen bunten Schwanzfedern wie die Könige herum und schlagen – einfach mal so – vor den Augen der Spaziergänger ein wunderschönes Rad.

In dem Wunder-Wald im Süden der Stadt, in dem man Gewächshäuser vergebens sucht, gedeihen die exotischsten Pflanzen direkt in der Erde. Und das ist umso verwunderlicher, weil sich der Park mit seinen Riesenmammutbäumen und der beeindruckenden Rhododendron-Schlucht genau genommen auf einem Schuttberg befindet. Hier, am früheren Festungsring der Stadt, wurde nämlich bis zum Ende des Ersten Weltkriegs schweres Geschütz zur Verteidigung Kölns aufgefahren und der Schutt der von Bomben zerstörten Häuser einfach aufgeschüttet. Erst 1962 hat man das 25 Hektar große Gelände dann als Park angelegt.

Zwischen Pfingstrosenwiesen und Seerosenbecken gibt es heute hier und dort Sitzgelegenheiten und Ecken mit Springbrunnen – sogar ein Spielplatz mit Volleyballfeld und dicken Baumstämmen zum Klettern lädt zum Verweilen ein.

Die Pfaue stört es jedenfalls nicht, wenn Kinder hier herumtoben. Im Gegenteil: Geduldig liegen sie in der farbenfrohen Heide und lassen sich gerne fotografieren – ganz ohne Gitter und Gehege drum herum. Und sollte doch mal Gefahr im Verzug sein, stoßen die Tiere einen lauten, unverkennbaren Schrei aus – ein besseres Frühwarnsystem jedenfalls, als jede Befestigungsanlage es jemals hatte.

TIPP: Unmittelbar an den FO-BO-GA schließt sich der Friedenswald an. Hier wachsen typische Bäume aus Ländern, mit denen Deutschland in den 1980er Jahren gemeinsame Sache für den Weltfrieden gemacht hat.

Adresse Schillingsrotter Straße 100, 50996 Köln-Rodenkirchen
// ÖPNV Bahn 16, Haltestelle Rodenkirchen Bahnhof oder
Siegstraße (dann circa 800 Meter Fußweg), Bus 131, Haltestelle
Konrad-Adenauer-Straße, Bus 135, Haltestelle Schillingsrotter
Straße **// Öffnungszeiten** täglich Jan., Feb., Nov., Dez.
9 – 16 Uhr, März, Sept., Okt. 9 – 18 Uhr, April, Mai, Juni, Juli,
Aug. 9 – 20 Uhr. Führungen finden jeden 1. Mi im Monat um
14.30 Uhr und jeden 3. Sa im Monat um 15 Uhr statt. Der
Eintritt ist frei. Die Parkanlage ist für Rollstuhlfahrer geeignet.
Hunde sind im Forstbotanischen Garten nicht erlaubt.

31_ DER FRITZ-ENCKE-VOLKSPARK

Im Naturtheater auf Entdeckertour

Schon mal unter freiem Himmel ein Theaterstück gesehen? Oder mitten im Wald einem Konzert gelauscht? Der Kölner Gartenbaudirektor Fritz Encke hatte sich das im Jahr 1923 sicher sehr schön vorgestellt, als er ein Naturtheater mitten im Park anlegte. Damals führten breite Rasenterrassen von einer beachtlichen Anhöhe nach unten, sodass man von jedem Platz aus gut sehen und hören konnte. Die einst durch Hecken begrenzte Freilichtbühne ist nur eine von vielen heimlichen Attraktionen des Volksparks in Raderthal, der viele Jahrzehnte nahezu in Vergessenheit geraten war.

Zwischen Bonner Straße und Brühler Straße erstrecken sich heute einige Grünflächen und ein kleines Waldstück, getrennt durch Wohnhäuser und Autostraßen, die durch den Park führen. Alte Tafeln an den Parkeingängen geben zur besseren Orientierung Auskunft. Ein bisschen traurig ist es schon, dass der alte Glanz der Anlage für immer verblasst zu sein scheint. Doch seit sich einige Kölner Bürger und der Rheinische Verein für Denkmalpflege und Landschaftsschutz um die Staudenbeete, die von Lindenalleen umgrenzte Liegewiese und den Brunnentempel im sogenannten Familiengarten kümmern, nehmen die Kölner den Fritz-Encke-Volkspark wieder mehr und mehr in ihre Freizeitgestaltung auf.

Aber mal ehrlich: Ob die alte »Fitnessbahn« mit ihren 16 Stationen – von Rumpfdrehbeugen über Hangeln bis Bockspringen – das Sportmodell der Zukunft ist, bleibt fraglich. Spaß macht es aber schon, sich hüpfend, singend und sportelnd durchs Grün zu bewegen.

Adresse Kardorfer Straße, 50968 Köln-Raderthal // ÖPNV Bus 131, Haltestelle Heeresamt, Bus 132, Haltestelle Arnoldshöhe // Öffnungszeiten jederzeit frei zugänglich

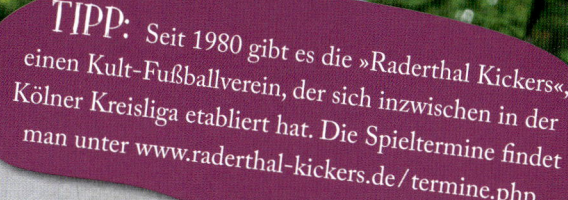

TIPP: Seit 1980 gibt es die »Raderthal Kickers«, einen Kult-Fußballverein, der sich inzwischen in der Kölner Kreisliga etabliert hat. Die Spieltermine findet man unter www.raderthal-kickers.de / termine.php.

ÜBUNGEN

1. BOCKSPRINGEN
2. SCHERENSPRÜNGE
3. HÜRDENSPRINGEN
4. RUMPFSENKEN
5. HANGELN
6. BALANCIEREN / UNTERKRIECHEN
7. STÜTZELN
8. RUMPFSEITSCHLEUDERN
9. FLANKEN
10. ARMGLEICHKREISEN, RUMPF-BEUGEN UND STRECKEN
11. WEIT-TIEF-SPRUNG
12. LOCKERUNGSÜBUNGEN
13. LIEGESTÜTZ
14. KLIMMZÜGE

32_ DAS GLOBETROTTER

Tauchgang mitten in der City

Jedes Kind besitzt eine Becherlupe, oder? In Europas größtem Outdoor-Laden gehört das kleine durchsichtige Gefäß mit Vergrößerungsglas jedenfalls zu den absoluten Verkaufsschlagern. Aber auch wer größere Trips in die Natur plant, wird auf den vier Etagen und den mehr als 7.000 Quadratmetern am Neumarkt fündig – denn hier gibt es alles, was das Herz eines Abenteurers höherschlagen lässt, sogar mitwachsende Schlafsäcke für Kinder!

Das Tolle aber an dem sogenannten Erlebnis-Store mitten in der City ist, dass hier offenbar auch diejenigen willkommen sind, die gar nichts kaufen möchten.

So findet sich im ersten Stock – logischerweise in der Kinderabteilung – eine coole Spielecke. Im zweiten Stock, direkt hinter der gut sortierten Bücherabteilung, kann man leuchtende Quallen in einem Aquarium bestaunen. Für alle Unerschrockenen steht ein Klettertunnel zur Verfügung – Nutzung selbstverständlich auf eigene Gefahr!

Die größte Sensation aber befindet sich im Kellergeschoss, wohin man entweder über die Treppe oder einen gläsernen Aufzug gelangt: Hier werden Boote in einem riesigen Wassersportbecken getestet, auf das man aus allen Etagen blicken kann. Regelmäßig finden zudem Tauchkurse statt – übrigens auch Schnupperkurse für Kinder.

Na dann: Tiefenrausch und Krakenbiss! Oder sagt man eher Spinnenbein und Ameisenscheiß?

Adresse Richmodstraße 10, 50667 Köln-Altstadt-Nord, www.globetrotter.de filialen/koeln // **ÖPNV** Bus 136, 146, Bahn 1, 3, 4, 7, 9, 16, 18, Haltestelle Neumarkt // **Öffnungszeiten** Mo–Do 10–20 Uhr, Fr, Sa 10–21 Uhr; Tauchkurse kann man beispielsweise unter https://www.bluemarlin-koeln.de buchen

TIPP: Einer der schönsten Spielplätze in der Innenstadt – an der Ecke Schwalbengasse/ Am Römerturm – ist vom Neumarkt nur wenige Minuten entfernt. Hier finden sich nicht nur viele Klettergeräte und Schaukeln, sondern im Sommer auch ein tolles Wasserspiel mit Pumpe.

33_DAS GRABMAL DES POBLICIUS

Sensationsfund unterm Wohnhaus

Die Geschichte um das Grabmal des römischen Legionärs Poblicius, der im 1. Jahrhundert nach Christus in Köln lebte, klingt ganz und gar unglaublich. Und doch ist sie wirklich passiert. Vor rund 50 Jahren sind zwei Brüder unter ihrem Wohnhaus in der Kölner Südstadt rein zufällig in sieben Metern Tiefe auf große Quader und Steinfiguren gestoßen, die sich als römisch erwiesen. Trotz eines Grabungsstopps gruben die Brüder Gens mit ihren Freunden heimlich noch zwei Jahre weiter – bis sie so viele Teile des 14,80 Meter hohen Grabmals zusammenhatten, dass es rekonstruiert werden konnte. Kurze Zeit später interessierte sich die ganze Welt für den Sensationsfund!

Heute befindet sich das Grabmal im Römisch-Germanischen Museum. Allerdings soll neuesten Erkenntnissen zufolge die Figur in der Mitte gar nicht Poblicius darstellen, sondern seinen Diener. Der Feldherr selbst hält sich, so heißt es, eher im Hintergrund und lächelt kaum merklich. Man kann ihn auf jeden Fall durch die Glasscheibe sehen, auch wenn das Museum in den nächsten Jahren umgebaut und renoviert werden wird.

Beeindruckend, wenn man sich überlegt, dass dieses Monument früher an der Ausfallstraße der Colonia Claudia Ara Agrippinensium stand und alle Reisenden willkommen hieß. Da es sich immer noch in einem außergewöhnlich guten Zustand befindet, pilgern viele Menschen eigens nach Köln, um das Bauwerk zu sehen.

Adresse Römisch-Germanisches Museum, Roncalliplatz 4, 50667 Köln-Altstadt-Nord, www.roemisch-germanisches-museum.de // **ÖPNV** Bahn 5, 16, 18, Haltestelle Dom/Hbf // **Öffnungszeiten** Di–So 10–17 Uhr, jeden 1. Do im Monat 10–22 Uhr, Eintritt Erwachsene 6,50 Euro, für Kölner Kinder und Schulklassen frei

TIPP: Zu Füßen des Grabmals befindet sich das »Dionysos-Mosaik«. Hier befand sich das Esszimmer einer römischen Villa. Die Speisefolge der Bewohner von damals kann man am Mosaik ablesen: Austern, Früchte, Wein und Fleisch!

34_DIE GREIFVOGEL-SCHUTZSTATION

Schnee-Eule trifft auf Waldkauz

»Kuwitt! Kuwitt!« Ronjas Ruf schallt durch den Wald hinter dem Gehege. Sie ist ein stattliches Waldkauzweibchen und möchte es einfach noch mal wissen: Gibt es irgendwo ein Männchen, das ihren Lockruf erhört? Im Gehege gibt es einen, der das gar nicht gut findet. Carlo. Genau genommen ist er ein Uhu, und doch denkt er, er sei Ronjas Bruder und somit ihr Beschützer. Die beiden Tiere sind in der Greifvogelschutzstation auf Gut Leidenhausen in Porz-Eil aufgewachsen, nachdem sie als verletzte Jungtiere hier abgegeben und gesund gepflegt wurden.

Pro Jahr versorgt die Station bereits seit 1964 100 bis 120 gefiederte Patienten, die mit Vergiftungen oder gebrochenen Flügeln aufgefunden wurden. Mehr als die Hälfte von ihnen wird später wieder als gesund in die freie Natur entlassen. Die kranken Tiere kann man nicht anschauen, weil sie viel Ruhe benötigen. Aber zu Ronja und Co kommen im Jahr mehr als 4.500 Schulkinder im Rahmen ihres außerschulischen Biologieunterrichts. Und auch an den Wochenenden gibt es regelmäßig Führungen für Besucher. Besonders begeistert sind dann immer alle von der Schnee-Eule, die Hedwig aus »Harry Potter« wirklich ähnlich sieht. Wenn sie mit den großen Flügeln schlägt, geht das fast lautlos vonstatten. Ein bisschen gespenstisch ist das schon.

Ronja ist da gar nicht neidisch. Der Waldkauz ist nämlich vom Naturschutzbund Deutschland zum »Vogel des Jahres 2017« gewählt worden, und auf dem Ruhm kann man sich ja erst mal eine Weile ausruhen.

Adresse Gut Leidenhausen, 51147 Köln-Porz, www.gut-leidenhausen.de/greifvogelstation.php, Vogelnotruf: Tel. 0176/49214858 // ÖPNV Bus 151, 152, Haltestelle Eil, dann 20-minütiger Fußweg // Öffnungszeiten So und Feiertage 10–18 Uhr (April–Okt.), 12–16 Uhr (Nov.–März), Eintritt frei, Spenden sind erbeten

TIPP: Auf dem Spielplatz in der Nähe von Gut Leidenhausen gibt es außer der riesigen Sandspielfläche Spielgeräte wie eine Seilbahn und Klettergerüste, zudem viele Attraktionen für ganz kleine Kinder.

35_DER GRÜNE HOF

Sonnenuhr und Spielplatz-Flair

Steckt man einen Stab schräg in die Erde, verändert sich sein Schatten, sobald die Sonne wandert. Auf diese ganz simple Art und Weise haben bereits die alten Ägypter vor mehreren tausend Jahren die Zeit gemessen. Wenn man in Mauenheim von der viel befahrenen Friedrich-Karl-Straße in die kleine, ruhige Siedlung Grüner Hof – einen Teil der Nibelungensiedlung – abbiegt, stößt man geradewegs auf eine meterhohe Sonnenuhr. Seit fast 100 Jahren zeigt sie die Zeit an.

Sie ist ein Teil der Aktion »Kunst am Bau« der GAG Immobilien AG, die Anfang der 20er Jahre die sogenannte Nibelungensiedlung bei dem berühmten Architekten Wilhelm Riphahn in Auftrag gab. Der Bildhauer Max Ehringer schuf dazu kleine Plastiken passend zur mittelalterlichen Sage, die es auch heute noch zu entdecken gibt.

Inzwischen hat sich die Farbe der Wohnblocks des Grünen Hofs aus dem Jahr 1922 mit den für diese Zeit typischen Spitzbögen von einem hellen in ein dunkles Grau gewandelt – ein interessanter Kontrast zu den bunt bepflanzten, kleinen Balkons und den riesigen Höfen in der Mitte der Anlage. Hier befinden sich mehrere Spielplätze und eine Grünfläche, auf der Herumtoben ausdrücklich erwünscht ist.

Der Grüne Hof markiert übrigens den Anfang von Kölns kleinstem Stadtteil, Mauenheim. Hier kann man sich gut und gerne mal einen Nachmittag treiben lassen, vom Eiscafé zum Biergarten des Siegfriedhofs und dann rüber zu den nahen Spielplätzen am Kriemhild- und am Brunhildplatz.

Achtung: Wenn die Sonne am Horizont verschwindet und es dunkel wird, funktioniert die Sonnenuhr nicht mehr. Spätestens dann sollte man sich auf den Heimweg machen.

> **TIPP:** Der sogenannte »Grüne Kiosk« am Eingang zur Wohnsiedlung ist eines der ältesten Büdchen Kölns und steht heute unter Denkmalschutz. Hier kann man sich mit Süßigkeiten und Getränken eindecken.

Adresse Grüner Hof, 50739 Köln-Mauenheim //
ÖPNV Bahn 12, 15, Haltestelle Mollwitzstraße, Bus 140,
Haltestelle Friedrich-Karl-Straße/Neusser Straße

36 HEINZ EAU UND CO

Der Weg der Fleißigen

Vor dem Dufthaus 4711 in der Glockengasse steht neuerdings eine Badewanne. Darin sitzt ein Männchen mit Zipfelmütze und genießt sichtlich ein gut riechendes Bad.

Heinz Eau, wie sich der kleine Kerl aus Bronze nennt, markiert nur eine Station auf dem Heinz-Weg, für den das Duo Heike Haupt und Anton Fuchs verantwortlich ist. Die beiden Kölner Künstler stellen solche Figuren in einem Atelier am Rheinauhafen im Auftrag her, von dort werden die Kunstwerke an die für sie angedachten Plätze transportiert und dort befestigt. Begibt man sich auf die Spuren der Heinze – und es werden unaufhaltsam mehr –, erlebt man einen außergewöhnlichen Stadtrundgang, ohne einen Cent dafür zahlen zu müssen: Heinz Koffer beispielsweise trifft man vor dem Hilton Hotel in der Marzellenstraße an, eine Verfolgungsjagd zwischen Heinz Räuber und Heinz Knüppel kann man am Hohenzollernring vor der Kölner Bank beobachten. Während Heinz Mann neben dem Erdmännchen-Gehege im Kölner Zoo sein Männchen macht, bedient Heinz Köbes in der Mühlengasse die Durstigen in Peters Brauhaus.

Die Hoffnung, dass die Heinzelmännchen den Kölnern in Zukunft wieder einen Großteil ihrer vielen Arbeit abnehmen, wird jedoch vermutlich bitter enttäuscht werden. Heinz Eau jedenfalls scheint zufrieden mit dem zu sein, was er hat: eine Badewanne voller 4711-Duftwasser und gelegentlich jemanden, der ihm liebevoll die braunen Füßchen kitzelt.

Wohl bekomms!

TIPP: Wenn man sowieso schon mal vor Ort ist, lohnt sich ein Gang durch das Dufthaus 4711, in dem übrigens auch Duftseminare und historische Führungen angeboten werden.

Adresse Glockengasse 4, 50667 Köln-Altstadt-Nord, http://www.dieheinzwelt.de // **ÖPNV** Bahn 3, 4, 16, 18, Haltestelle Appellhofplatz

37 _ DAS HELIOS-GEBÄUDE

Als den Kölnern ein Licht aufging

Ehrenfeld war noch eine selbstständige Stadt vor den Toren Kölns, als 1882 die Lampenfabrik »Helios AG für elektrisches Licht und Telegraphenanlagenbau« gegründet wurde. Auch heute sieht man den dazugehörigen 30 Meter hohen Leuchtturm schon von Weitem. Der »Heliosturm«, inzwischen Wahrzeichen des Stadtviertels, diente damals dazu, Leuchtfeuer zu testen und vorzuführen.

Auch wenn man den Turm nur von außen besichtigen kann, ist das Gelände ein toller Entdeckungsort für die ganze Familie, und das nicht nur, seit sich in der alten Werkhalle ein gut sortiertes (Kinder-)Möbelgeschäft niedergelassen hat.

Vor allem lohnt es sich, dem ehemaligen Verwaltungsgebäude, in dem sich zahlreiche Arztpraxen befinden, einen Besuch abzustatten. Betritt man das Haus mit der auffälligen Backsteinfassade, eröffnet sich der Blick auf eines der schönsten Treppenhäuser Kölns. Wow!

Wer nicht mit dem modernen gläsernen Aufzug fahren möchte, nimmt die Treppe – immer dem Licht entgegen, das durch das imposante Glasdach fällt. Apropos Licht: Hier, genau an diesem Platz, wurden vor rund 150 Jahren neben einer der weltweit ersten Dynamomaschinen hochmoderne Ventilatoren und die begehrten Helios-Glühlampen erfunden. Weil die gerade gebaute Bahnstrecke direkt vor der Tür entlangführte, wurden die Leuchtfeuer schon bald bis nach Borkum oder Wangerooge transportiert, wo sie fortan den Schiffen als Warnung galten. Ein schöner Gedanke, dass allen voran zuerst den Kölnern ein Licht aufgegangen ist, oder?

Adresse Venloer Straße 387–389, 50825 Köln-Ehrenfeld // ÖPNV Bahn 3, 4, 13, Bus 141, 142, 143, Haltestelle Venloer Straße / Gürtel, S-Bahn 12, 13, Haltestelle Köln-Ehrenfeld // Öffnungszeiten wochentags geöffnet

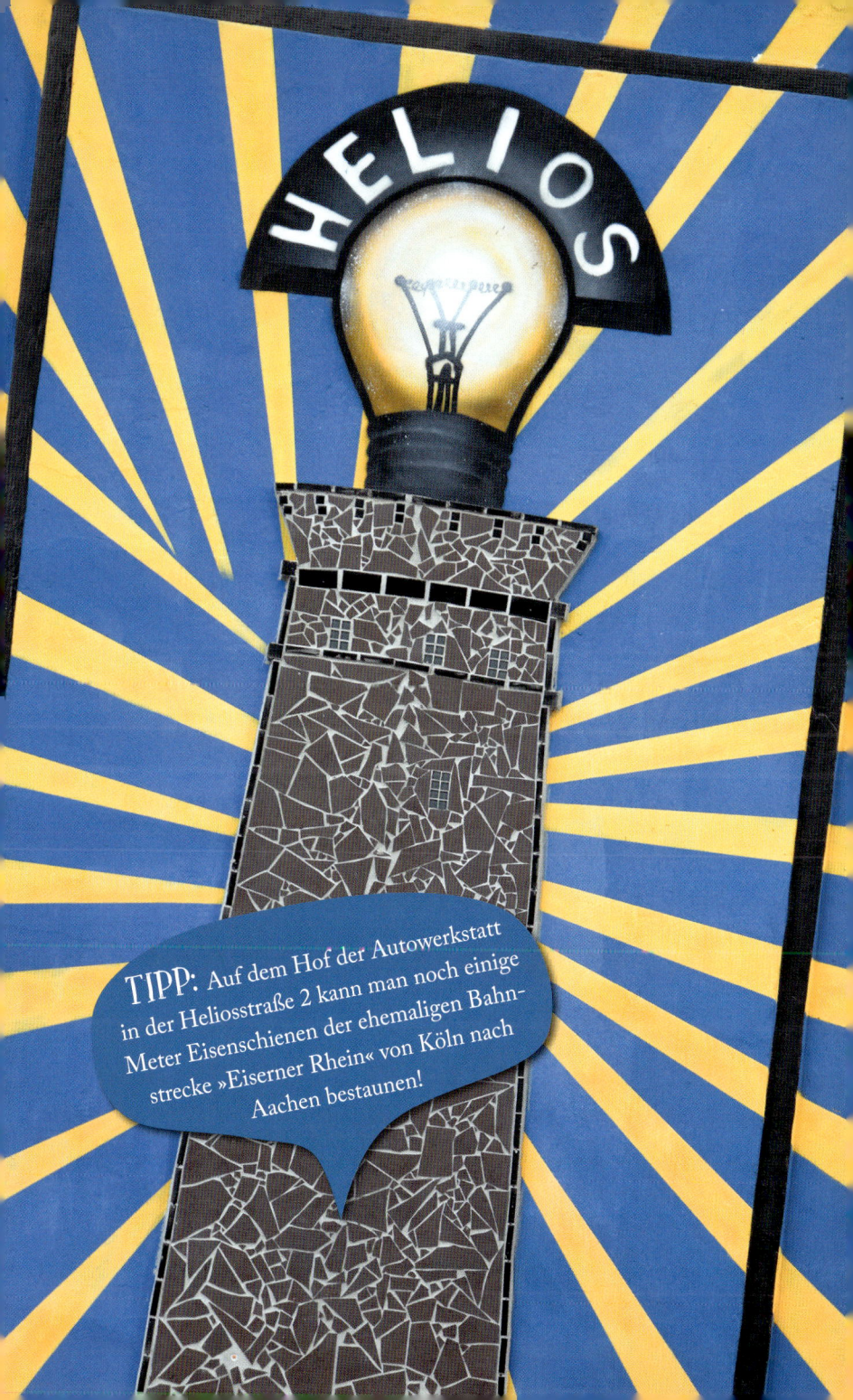

TIPP: Auf dem Hof der Autowerkstatt in der Heliosstraße 2 kann man noch einige Meter Eisenschienen der ehemaligen Bahnstrecke »Eiserner Rhein« von Köln nach Aachen bestaunen!

38_DER HELIPORT

Freizeitvergnügen im Grüngürtel

Der Kölner Grüngürtel ist vor allem eins: schön grün. Kein Wunder, hat man doch schon vor vielen Jahren damit begonnen, den ehemaligen Festungsring mit Gras und Bäumen zu bepflanzen. Vom Rhein bis zur Luxemburger Straße schlängelt sich der schmale, unbebaute Streifen sieben Kilometer lang fast um die ganze Innenstadt herum und sorgt als grüne Lunge für mehr Sauerstoff in der Stadt.

Mittendrin – zwischen Venloer und Subbelrather Straße – befindet sich ein Ort mit einer ganz besonderen Geschichte, an die sich heute kaum noch jemand erinnert: Auf dem betonierten Sportplatz befand sich nämlich bis zum 1. April 1966 Kölns einziger internationaler ziviler Hubschrauberlandeplatz – von den Kölnern liebevoll »Heliport« genannt. An dieser Stelle bot die belgische Fluggesellschaft »Sabena« seit 1953 Hubschrauberflüge von Köln nach Brüssel an – eineinhalb Stunden Reisezeit für schlappe 72 Mark. Bei schlechtem Wetter allerdings fiel die Reise aus, und die Passagiere wurden mit dem Zug erster Klasse zum Ziel transportiert. Die Kinder, die sich regelmäßig die Nasen am Maschendrahtzaun platt drückten, müssen entsetzt gewesen sein, als man die Abfertigungshalle eines Tages abriss – das Fluggeschäft lohnte sich einfach nicht mehr.

Mit Blick auf Fernsehturm und Telekom-Gebäude tummeln sich hier heute vor allem Basketballspieler und andere Freizeitsportler. Würden die genau hinschauen, könnten sie sogar noch den alten Landeplatz und dahinter den Flughafenzugang ausmachen, der schräg zum Hauptweg des Grüngürtels verläuft. Aber auf die Idee kommt kaum einer. Hauptsache, es ist hier alles schön grün …

Adresse Basketballplatz am Heliport, Grüngürtel zwischen Venloer Straße und Subbelrather Straße // ÖPNV Bahn 3, 4, 5, Haltestelle Hans-Böckler-Platz

TIPP: Im »Parkcafé 3.0« – einen Steinwurf vom Heliport entfernt – treten abends regelmäßig DJs auf, tagsüber kann man hier Tischtennis spielen. Und: Der Wasserspielplatz direkt vor der Tür soll endlich wiederbelebt werden.

39_DAS HENKELMÄNNCHEN

Brunchzeit für Groß und Klein

Ein Henkelmännchen ist ein tragbarer Behälter aus Blech, in dem die Menschen früher ihr warmes Mittagessen transportierten, wenn sie unterwegs waren. Und genau so, sagen manche Kölner, sieht die im Jahr 1998 eröffnete »LANXESS arena« – ein runder Bau, der von einem hohen Bogen überspannt wird – aus: wie ein bauchiges Gefäß mit Henkel eben. Ein genialer Schachzug also, das Wort für den Namen des dazugehörigen Restaurants zu nutzen, das sich im Haus gegenüber befindet.

Neben der »Arena-Bar«, die zumeist vor und nach den Veranstaltungen öffnet, hat sich das »Henkelmännchen« vor allem als Anlaufstelle für einen leckeren Sonntagsbrunch einen Namen gemacht. Ein Angebot, das übrigens besonders auf Familien einen speziellen Reiz ausübt: Während sich die Erwachsenen an dem umfangreichen Buffet gütlich tun können, kommt der Nachwuchs hier für kleines Geld mit einem eigenen, tiefergelegten »Kinderbuffet« ganz sicher auf seine Kosten – Orangensaft und Kakao inklusive. Hier liegen Schnitzel, Pommes und Fischstäbchen direkt neben Donuts und Weingummi – ein Traum! Und weil die Älteren meistens ja eh nur langweiliges Zeug quatschen, wenn sie sich zum Brunchen treffen, steht für die Kleinen auch noch eine betreute Spielecke zur Verfügung, wo dann gemalt, gebastelt oder auch mal gezaubert wird.

Meldet sich zwischendurch beim Spielen dann mal ein kleiner Hunger, hat sich das Brunch-Angebot wie von Zauberhand wieder aufgefüllt – yeah! Und wehe, ein Erwachsener vergreift sich mal am Kinderbuffet – dann werden die Großen rausgeschickt. Und zwar zur Strafe ohne Henkelmännchen …

Adresse Willy-Brandt-Platz 2, 50679 Köln-Deutz, www.lanxess-arena.de // **ÖPNV** Bahn 3, 4, Bus 153, 156, Haltestelle Lanxess arena, Bahn 1, 9, Bus 150, Haltestelle Bahnhof Deutz/Messe // **Öffnungszeiten** So 10.30–14.30 Uhr, Brunch: Erwachsene 21,50 Euro, Kinder bis 5 Jahre frei, 6–10 Jahre 6 Euro, 10–14 Jahre 12 Euro

TIPP: Am nahen Lorenzplatz, wo der gusseiserne »Düxer Bock« an die Spottgeschichte vom armen Schneider erinnert, haben sich die Bürger eine gemütliche Oase zwischen den Wohnhäusern geschaffen. Nix wie hin!

40_DER HERKULESBERG

Schneevergnügen auf Trümmern

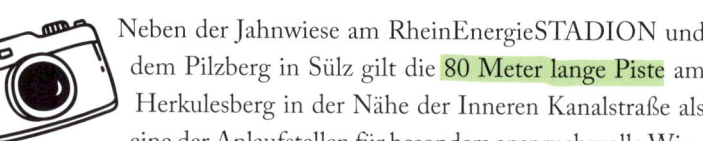

Neben der Jahnwiese am RheinEnergieSTADION und dem Pilzberg in Sülz gilt die 80 Meter lange Piste am Herkulesberg in der Nähe der Inneren Kanalstraße als eine der Anlaufstellen für besonders anspruchsvolle Wintersportler, wo auch gut Tempo gefahren wird. Während sich die Skifahrer an dem holprigen Untergrund des Hügels abrackern, nutzen die Rodler gerne mal den Fußweg, der die Abfahrt kreuzt, als Schanze. Tricky!

Der sogenannte »Monte Klamotte« – eine Anspielung auf das unbekannte Zeug in seinem Inneren – ist einer von elf Trümmerbergen, die man nach dem Krieg aus all dem Schutt zusammengetragen hat, den die vielen Bombenangriffe in Köln hinterlassen haben. Mit seinen 25 Metern ist er zwar nicht besonders hoch, doch sein Rücken erstreckt sich über eine Länge von 130.000 Quadratmetern – ein riesiges Areal also, das heute weitgehend mit Bäumen und Sträuchern bewachsen ist.

Nähert man sich vom Stadtgarten her, muss man die versteckt gelegene, äußerst imposante Stahlbrücke passieren, die über die Gleise des ehemaligen Güterbahnhofs Gereon führt. Und allein das ist schon ein Erlebnis, hat man doch von hier oben einen ganz besonders tollen Blick auf die Skyline der Stadt. Besonders friedlich liegen Telekom-Hochhaus, Dom und Colonius am frühen Morgen vor einem. Dann übrigens sollte auch die Piste im Winter noch schön leer sein. Also los: Der frühe Vogel fängt den Wurm!

TIPP: »Cinedom« im Mediapark bietet in 14 Kinosälen etwas für jeden Filmgeschmack. Wer kein Geld ausgeben will, fährt einfach mit der riesigen Rolltreppe rauf und runter – Kult!

Adresse Im Mediapark, 50670 Köln-Neustadt-Nord; Hinweis: Die Anlage ist auch von der Subbelrather Straße in Neu-Ehrenfeld zugänglich. // ÖPNV Bahn 12, 15, Haltestelle Christophstraße / Mediapark // Öffnungszeiten ganzjährig geöffnet

41_HINGER D'R BRITZ

Das berühmteste Stockpuppen-Theater der Welt

Dieses Hänneschen ist wirklich ein lustiger Kerl, der immer schnell in Begeisterung ausbricht. Und wenn er gar nicht mehr zu bremsen ist, steht ihm seine Schwester, das Bärbelchen, mit ihrer ausgleichenden Art bei. Die Geschwister leben in Knollendorf, gemeinsam mit vielen anderen urigen Originalen wie dem Tünnes und dem Schäl, dem Speimanes und dem frechen Köbeschen. Bereits seit 1802 spielt sich das Hänneschen-Theater in die Herzen seiner Besucher und macht in kölscher Sprache und mit einer eigenen Musik-Combo, die live spielt, Furore.

Ebenso spannend wie die Stücke selbst ist der Blick »Hinger d'r Britz«, also hinter die Bühne! Zwischen vier und sieben Kilogramm wiegen die Puppen, die während so einer Aufführung von einer einzigen Person mehr als eine Stunde lang gestemmt werden müssen – ein Knochenjob. Dabei dürfen die Schausteller nicht außer Atem kommen, denn sie leihen Hänneschen und Co ja auch ihre Stimmen. Die oft sehr phantasievollen Kostüme werden übrigens in der angrenzenden Werkstatt entworfen und genäht. Dort, wo auch die beiden Bühnenbildner täglich daran arbeiten, dass die Zuschauer sich in Knollendorf wohlfühlen und die Figuren – trotz ihrer ausgefallenen Holzköpfe – möglichst echt rüberkommen.

Die beste Möglichkeit, hinter die Kulissen zu schauen und mit den Puppen und ihren Spielern auf Tuchfühlung zu gehen, ist die alljährliche Hänneschen-Kirmes im Mai. Spätestens dann muss man zum Fan werden – ob man nun Kölsch versteht oder nicht.

TIPP: Das Restaurant »Hänneschen und die Pfeffermühle« am Heumarkt 54 ist so was wie das Wohnzimmer des Theaterensembles. Hier treffen sich täglich ab 12 Uhr auch Hänneschen-Fans zu einem Tünnes-Burger, einer Mählwurms Pann oder zu Bestemos Sonndagsesse.

Adresse Hänneschen-Theater – Puppenspiele der Stadt Köln, Eisenmarkt 2–4, 50667 Köln-Altstadt-Nord, www.haenneschen.de, Kartentelefon Tel. 0221/2581201 (Mi–So 10–14 Uhr) **//ÖPNV** Bahn 1, 7, 9, Bus 132, 133, 250, 260, Haltestelle Heumarkt

Knollendorf

42_HODIBE

Ein Bunker voller Leckerlis

Wer hätte das gedacht? Die Welt des Kölner Reitsports befindet sich in einem versteckt gelegenen Bunker aus dem Zweiten Weltkrieg. Hier – wie zur Tarnung unter einem scheinbar ganz normalen Wohnhaus – werden mehr als 11.000 Artikel rund ums Pferd feilgeboten.

Das über die Stadtgrenzen hinaus bekannte Geschäft HODIBE – nach den Anfangsbuchstaben des Seniorchefs Horst-Dieter Beyer – ist jedoch mehr als ein normaler Laden. Wer einmal da war, kommt immer wieder, denn Kinder dürfen hier fast alles – Hauptsache, sie entdecken die Leidenschaft fürs Reiten.

Von dem 60 Meter langen dunklen Gang gehen viele kleine Räume ab, in denen man auf 1.000 Quadratmetern neben Trensen, Pferdedecken, Steigbügeln, Zaumzeug und Reitklamotten auch lebensechte Pferdeskulpturen, ein Schaukelpferd und allerlei Nippes findet – ein Abenteuerspielplatz erster Güte! Über allem wacht Katze Kiki, die unglaublich zutraulich ist.

Für die Fachberatung ist Juniorchef Frank zuständig, der – passend zum Angebot des Ladens – die langen Haare zum Pferdeschwanz gebunden trägt. Gerne führt er interessierte Kunden in den Historienraum, wo eine kleine Ausstellung über die Turniererfolge der Familie Auskunft gibt. Zu Hochzeiten besaß der erfolgreiche Geschäftsmann und ehemalige Bettenfedern-Importeur Horst-Dieter Beyer mehr als 100 eigene Pferde. Die waren tatsächlich teilweise in diesem Bunker untergebracht, bevor das Geschäft eingerichtet wurde.

Richtigen Stallgeruch gibt es hier zwar keinen mehr, sonst aber alles, was das Reiterherz begehrt.

Adresse Kevelaerer Straße 10a, 50733 Köln-Nippes, www.reitsport-hodibe.de // ÖPNV Bahn 16, Haltestelle Amsterdamer Straße, Bus 140, Haltestelle Xantener Straße // Öffnungszeiten Mo–Fr 10–18.30 Uhr, Sa 10–14 Uhr

TIPP: Vom Rande des CLOUTH-Geländes aus, gegenüber der Kevelaerer Straße, versorgt »Der Sack e. V.« täglich 15 Kindertagesstätten im Stadtgebiet mit einem gesunden Frühstück. Der Verein betreibt zudem einen Secondhandladen für Kinder. (www.sack-ev.de)

43_ DAS IKEA-RESTAURANT

Köttbullar unter schwedischen Birken

Stammkunden wissen: Nach dem sechsten Ma(h)l ist das siebte Essen umsonst. Wer also regelmäßig eines der über 50 IKEA-Restaurants Deutschlands in der Zeit von 11 bis 15 Uhr beehrt und die Bonuskarte hochhält, bekommt auch schon mal eine Runde Köttbullar mit Pommes geschenkt. Lecker!

Besonders gefragt bei hungrigen Familien mit kleinem Geldbeutel ist die Kölner Filiale in Ossendorf: Mit schwedischen Birken und allerlei Deko-Artikeln hat man in dem riesigen Restaurant einen Spielbereich als Märchenwald gestaltet – die perfekte Kulisse also für kleine Besucher zum Beispiel beim gemütlichen Brunch. So oder so ähnlich, ahnt man, muss es wohl in Schweden aussehen. Dort hat im Jahr 1946 der 17-jährige Ingvar Kamprad vom kleinen Bauernhof Elmtaryd im Dorf Agunnaryd eine Firma gegründet, die er dann nach all den Anfangsbuchstaben einfach IKEA nannte. Sein Leitspruch: Auch der kleinste Kunde ist König.

Seit das Restaurant bereits um 9 Uhr öffnet – also eine Stunde vor dem Geschäft –, stürmen vor allem stillende Mütter das Frühstücksangebot. Vermutlich, weil die sowieso früh aufstehen müssen. Sogar der Internationale Still-Tag wurde hier begangen: Da gab es Milch mal wirklich für alle! Dass jetzt kein Neid aufkommt: Für die Größeren gibt es ja auch Babybrei im Gläschen und Windeln umsonst. Und wenn ein Kind neben all den Schlemmereien auch mal was anderes erleben will, lässt es sich einfach für eine Stunde im Kinderparadies »Småland« abgeben, wo Bällebad und Trickfilme in Dauerschleife warten – das macht garantiert wieder hungrig!

Adresse Butzweilerstraße 51, 50829 Köln-Ossendorf, www.ikea.com/de/de/store/koeln_butzweilerhof/store_info // **ÖPNV** Bahn 5, Haltestelle IKEA Am Butzweilerhof // **Öffnungszeiten** Mo–Do 10–20 Uhr, Fr 10–22 Uhr, Sa 10–21 Uhr, das Restaurant ist schon ab 9 Uhr geöffnet

TIPP: IKEA unterstützt regelmäßig örtliche Kinderhilfsprojekte wie den »Lino-Club« in Lindweiler oder »Kindernöte e. V.« in Köln-Chorweiler. Warum also nicht mal einen Brief in eigener Sache schreiben. Vielleicht mit einem tollen Kinderprojekt, das IKEA dann fördern würde …

44_ DIE INDIANERSIEDLUNG

Minnesota am Rhein

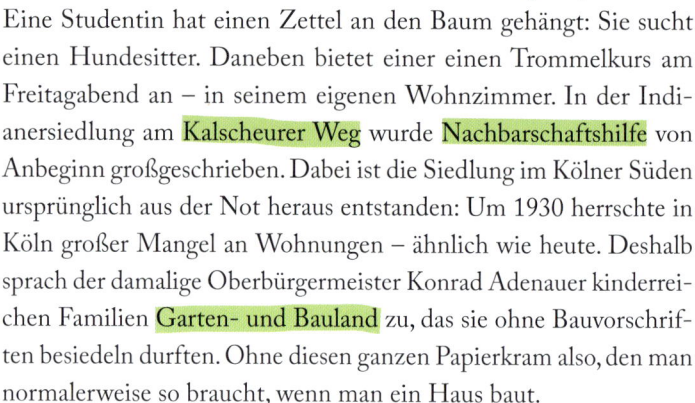

Eine Studentin hat einen Zettel an den Baum gehängt: Sie sucht einen Hundesitter. Daneben bietet einer einen Trommelkurs am Freitagabend an – in seinem eigenen Wohnzimmer. In der Indianersiedlung am Kalscheurer Weg wurde Nachbarschaftshilfe von Anbeginn großgeschrieben. Dabei ist die Siedlung im Kölner Süden ursprünglich aus der Not heraus entstanden: Um 1930 herrschte in Köln großer Mangel an Wohnungen – ähnlich wie heute. Deshalb sprach der damalige Oberbürgermeister Konrad Adenauer kinderreichen Familien Garten- und Bauland zu, das sie ohne Bauvorschriften besiedeln durften. Ohne diesen ganzen Papierkram also, den man normalerweise so braucht, wenn man ein Haus baut.

Die Menschen fühlten sich von Anfang an wohl an dem Ort, der heute zu Zollstock gehört. Und – im Gegensatz zu anderen Kölner »Notunterkünften« – blieben die Bewohner einfach dort. Und bauten weiter. Manche uralten Wohnwagen und verfallenen Hütten sind noch stumme Zeugen dieser Zeit. Als der Journalist Hans Conrad Zander eines Tages in die eigenwillige Siedlung zog, fühlte er sich an seine Reisen durch die Indianerreservate im Westen der USA erinnert – seitdem hält sich der Name »Indianersiedlung«.

Heute teilen sich 350 Menschen 120 Grundstücke, die zwischen 100 und 2.500 Quadratmeter groß und ganz unterschiedlichen Bedürfnissen angepasst sind. Seit 2001 kümmert sich die neu gegründete Siedlergenossenschaft Kalscheurer eG um die Häuser, die die Anwohner nach vielen Jahren endlich der Bahn abkaufen und zu ihrem Eigentum machen konnten. Inzwischen gibt es auch einen Vorstand – eine Art Sheriff, wenn man so will –, der sich um alles kümmert. Übrigens auch um den geplanten Neubau für altersgerechtes Wohnen und um Unterkünfte für Flüchtlinge auf dem Nachbargrundstück.

Dass es eine Koppel mit Pferden gibt, muss man eigentlich nicht extra erwähnen. Wie bei Indianern eben.

TIPP: An der Endstation der Straßenbahnlinie 12 befindet sich am Rande des Vorgebirgsparks ein recht neuer Spielplatz, auf dem sich alle Generationen treffen – zum Buddeln im Sandkasten und zum Boulespielen.

Flohmarkt

Garten und Hof-Flohmarkt

Siedlung am Kalscheurer Weg, Weg R-Z
„ Indianersiedlung "

Sonntag 24.09.2017 ab 11 Uhr

Adresse Siedlergenossenschaft Kalscheurer Weg eG, Kalscheurer Weg, Weg V 1, 50969 Köln-Zollstock, www.siedlerkoeln.de **// ÖPNV** Bahn 12, Haltestelle Südfriedhof, Bus 131, Haltestelle Kendenicher Straße **// Öffnungszeiten** Büro Di und Do 18–20 Uhr

45__JOT JELUNGE

*Kreativwerkstatt für kleine und
große Verwandlungskünstler*

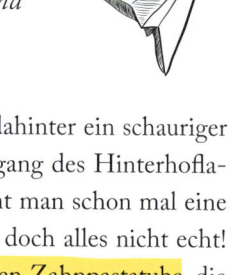

Eine täuschend echt wirkende Mumie und dahinter ein schauriger Schrumpfkopf – uaaaaargh! Gleich am Eingang des Hinterhofladens in der Nähe des Rudolfplatzes bekommt man schon mal eine ordentliche Gänsehaut verpasst. Ach, das ist doch alles nicht echt! Wirklich nicht? Und was ist mit der laufenden Zahnpastatube, die da menschengroß gerade die Treppe hochkommt und die weißen Zähne bleckt? Oder mit dem Burgfräulein dort hinten, das einen riesigen Hut auf dem Lockenkopf trägt und vor dem Spiegel ein Tänzchen aufführt?

Die Kreativwerkstatt von Bernd Sondergeld und seinem Team gilt nicht umsonst als einer der verrücktesten Orte in Köln. Denn hier werden nicht nur auf 600 Quadratmetern Kostüme, Perücken und Accessoires für die fünfte Jahreszeit verkauft, sondern es wird das ganze Jahr über gebastelt und handwerklich an der Verwandlung des Menschen gearbeitet. Wer sich dafür interessiert, wie man eine alte Perücke wieder aufpeppen kann oder aus abgetragenen Klamotten neue Kostüme herstellt, kann einen Workshop beim Fachmann belegen. Gerade auch für Kinder wird in dem offenen Atelier, das man übrigens auch außerhalb der Kurse nutzen kann, so einiges geboten: vom Schminkworkshop mit echtem Kunstblut bis zum Basteln eines Gruppenkostüms für Halloween – man muss eben nur Ideen haben! Falls es an Zeit mangelt, kann man sich Kostüme auch ausleihen oder kaufen, beispielsweise auf dem monatlichen Hofflohmarkt, bei dem Kunden kostenlos ihre eigenen Sachen aus der Mottenkiste feilbieten können. Egal wie, das Ergebnis ist in jedem Fall »jot gelunge«. Versprochen!

Adresse Lindenstraße 53, 50674 Köln-Neustadt-Süd, https://jotjelunge.de //
ÖPNV Bahn 12, 15, Haltestelle Rudolfplatz // **Öffnungszeiten** Mo–Fr
10–20 Uhr, Sa 10–18 Uhr, Workshops auf Anfrage per Mail: info@jotjelunge.de

TIPP: Im Nachbarhaus befindet sich das Jugendcafé »BUGS«, in dem für Menschen zwischen 14 und 24 Jahren ein Kicker, Sofas und Billard zur Verfügung stehen.

46_DAS JUGEND- UND KULTUR- ZENTRUM WEISS

Alte Schule mit neuem Leben drin

Jessica ist eine brillante Feuerspuckerin. Philipp wiederum beeindruckt alle mit dem Diabolo. Jedes Kind kann eben etwas anderes gut. Und alle zusammen sind sie der geniale »Circus Pappnase«. Einige Kinder scheinen schon zum 100. Mal bei den Ferienaktionen im Jugendzentrum Weiß mitzumachen, andere wiederum sind zum ersten Mal dabei. Nach hartem Training und richtig viel Spaß endet die gemeinsame Woche immer mit einer großen Aufführung im riesigen Zirkuszelt. Und wenn der Applaus dann kein Ende nimmt, würde man am liebsten immer weiter trainieren.

Auch das ist kein Problem: In der ehemaligen Schule in Köln-Weiß wird von der Jugendzentren Köln gGmbH auch unter der Woche so einiges geboten, was das Herz von Kindern zwischen sechs und 17 Jahren höherschlagen lässt: wöchentliches Zirkus- und Artistiktraining in sieben altersgerechten Gruppen beispielsweise, eine Discogruppe, Computerkurse und gemeinsames Fahrradtraining. Außerdem gibt es gleich am Eingang links ein Café mit Internet, Billard, Tischtennis und Dart – Zeit zum Quatschen inklusive!

Mindestens genauso cool ist der weitläufige Obstgarten hinter dem Haus: Da freuen sich Bärlauch und Apfelbäume übrigens noch über helfende Hände – und am Wochenende kann man die Ernte beim großen Brunch gleich selbst verspeisen. Guten Appetit!

TIPP: Falls die Ferienplanung immer noch nicht steht: Das Fan-Projekt des 1. FC Köln bietet einmal jährlich eine richtig tolle »KidsTour« an – eine Fahrt mit anderen jungen Fußballfans ins Kölner Umland. (www.fans1991.de)

Adresse Georgstraße 2, 50999 Köln-Weiß, www.jugz.de/
Standorte/Weiss.html // **ÖPNV** Bus 130, 131, Haltestelle Weißer Hauptstraße // **Öffnungszeiten** Di – Fr
16 – 19 Uhr, Sa 13 – 17 Uhr, im Sommer länger

47_DIE JUGEND-VERKEHRSSCHULE

Mit den Eichhörnchen um die Wette fahren

Immer der Vorfahrtsstraße folgen. Dann rechts abbiegen und so lange an der roten Ampel warten, bis sie auf Grün springt. So weit klar? Was aber, wenn es gar keine Beschilderung auf der Straße gibt, die eine Verkehrsregel anzeigt? Dann gilt immer rechts vor links. Oder etwa nicht?

Wer sich nicht ganz sicher ist, kann im Jugendverkehrsgarten in Nippes alle wichtigen Regeln mit dem Fahrrad so oft üben, wie er möchte.

Hier, mitten im Grüngürtel unter hohen Bäumen und fernab einer viel befahrenen Straße, bietet die Jugendhilfe in Zusammenarbeit mit der Stadt, der Verkehrswacht und der Polizei seit 1994 einen tollen Übungsplatz für Kinder und Erwachsene an. Neuerdings nutzen auch viele Migranten und Flüchtlinge das Angebot, denn nicht überall auf der Welt gelten die gleichen Regeln im Straßenverkehr. In England zum Beispiel fährt man auf der linken Spur, bei uns auf der rechten. In Syrien hat der Verkehrsteilnehmer im Kreisverkehr keine Vorfahrt – bei uns aber schon.

Den liebevoll angelegten Platz mit den kleinen Verkehrsschildern, einem unbeschrankten Bahnübergang, den nagelneuen Ampeln und zahlreichen Fußwegen können sowohl Schulklassen als auch andere interessierte Gruppen nutzen – vorausgesetzt, sie haben eine Lehrperson dabei.

Selbst Fahrräder sind notfalls vorhanden, sollte man kein eigenes haben. Ein Muss: der Fahrradhelm. Nicht nur, weil er einem auf der richtigen Straße das Leben retten kann, sondern auch, weil in den Bäumen der Jugendverkehrsschule unzählige Eichhörnchen wohnen. Da kann einem leicht mal eine Nuss auf den Kopf fallen … und die hat selbstverständlich Vorfahrt.

TIPP: Im Grüngürtel an der Inneren Kanalstraße, direkt unterhalb der Jugendverkehrsschule, haben Fans einen Michael-Jackson-Gedächtnisbaum geschmückt. Die Deko verändert sich permanent – von Liebesbriefen über Fotos bis zu ausgedienten CDs.

Adresse Neusser Straße 164, 50733 Köln-Nippes, www.jugendhilfe-koeln.de/programme-dienstleistungen/jugendverkehrsgarten // **ÖPNV** Bahn 12, 15, Haltestelle Lohsestraße // **Öffnungszeiten** Mo–Do 8–13 Uhr und nach Vereinbarung unter Tel. 0221/22129503

48_DER KALKER MITTAGSTISCH

Mehr als Pommes und Würstchen

Fußballer Lukas Podolski hat bereits einen Überraschungsbesuch absolviert, der Rapper Mo-Torres spendet den Verkaufserlös seiner CD für die gute Sache und die Kölner Traditionskorps schwingen in der Küche gelegentlich selbst den Kochlöffel. Wenn der Kalker Mittagstisch an Wochentagen ab 11 Uhr seine Tür öffnet, ist die Bude immer schnell voll. Rund 80 bis 100 Kinder, hauptsächlich aus der Umgebung, kommen direkt nach der Schule zum Essen hierher – ohne Anmeldung und ohne etwas bezahlen zu müssen. Denn »Ersatzmama« Elisabeth Klotz und ihr Team kochen – und das schon seit 2009 – für alle Kölner Kinder von 0 bis 19 Jahren, die einen knurrenden Magen haben. Dabei ist es ganz egal, woher sie kommen und wer sie sind. Aber wie ist das möglich? Kostet Essen nicht Geld? Und ist es nicht auch ein bisschen peinlich, Hilfe von anderen anzunehmen? Einfach so? Nö, ist es eben nicht.

Dass es im hinteren Bereich sogar eine gemütliche Chillecke und einen riesigen Sport- und Tobe-Raum mit Geräten gibt, macht die Erdgeschosswohnung zu einem richtigen Abenteuerland. Und während manche dankbar die regelmäßige Hausaufgabenhilfe in Anspruch nehmen, stöbern die Eltern auch schon mal gerne im Angebot des Gebrauchtkleiderbasars im vorderen Bereich. Hinten nämlich gilt: »Zutritt für Eltern verboten!« Und da soll noch mal jemand sagen, dass es in Köln keine coolen Orte für Kinder ohne viel Kohle gibt: Kalk rules!

TIPP: Nur zwei Ecken weiter, nördlich der »Köln Arcaden«, erstreckt sich der große Bürgerpark mit einem gut ausgestatteten Spielplatz und vielen gemütlichen Sitzbänken.

Adresse Bertramstraße 45, 51103 Köln-Kalk,
Tel. 0221/88751862, www.kalkerkindermittagstisch.de //
ÖPNV Bahn 1, 9, Bus 150, 159, Haltestelle Kalk Post //
Öffnungszeiten Mo–Fr 10–15 Uhr und nach Vereinbarung

49_DER KALLENDRESSER

Nackter Po am Alter Markt

Öffentliche Toiletten in der Stadt sind rar. Das wissen alle, die viel unterwegs sind und plötzlich ein dringendes Bedürfnis verspüren – kleine Kinder und alte Leute sind da oft besonders übel dran. Zum Glück gibt heutzutage ein stets aktualisiertes Online-Verzeichnis der Stadt Köln Auskunft darüber, wo sich die nächste öffentliche Toilette befindet. So etwas Praktisches gab es im Mittelalter natürlich noch nicht.

Es könnte also sein, dass sich der Kallendresser, der vor langer Zeit hier gelebt haben soll, Erleichterung verschaffte, indem er kurzerhand seine Notdurft in der Kalle, der Regenrinne, verrichtete. In Köln erinnern mancherorts steinerne Figuren mit entblößtem Hintern an eine solch ungeheuerliche Tat.

Die berühmteste Figur mit nacktem Po befindet sich heute am Haus »Em Hanen« am Alter Markt, das 1956 von dem Architekten Jupp Engels neu aufgebaut wurde. Er beauftragte damals den Künstler Ewald Mataré, den Kallendresser aus grün patiniertem Kupferblech nachzubilden. Und da hängt er immer noch in luftiger Höhe und streckt allen seinen grünen Hintern entgegen – ungeachtet der Touristen, die von dieser skurrilen Kölner Geschichte gar nichts ahnen und direkt unter ihm vor dem Café ihren Kakao schlürfen …

TIPP: Am Weltkindertag Mitte September verwandelt sich die Kölner Altstadt alljährlich in einen riesigen Spielplatz. Im Rheingarten und auf dem Heumarkt präsentieren sich dann über 70 Kinder- und Jugendinitiativen. (www.weltkindertag-koeln.de)

Adresse Haus »Em Hanen«, Alter Markt 24,
50667 Köln-Altstadt-Nord // **ÖPNV** Bahn 9,
Haltestelle Heumarkt, Bahn 5, Haltestelle Rathaus

50_DER KALSCHEURER WEIHER

Enten und Reiher laden zur Bootspartie

Am Kiosk läutet eine Glocke – die Bockwurst ist fertig! Einige Besucher des Biergartens springen von ihren Sonnenliegen und Bierbänken auf, schauen hoffnungsvoll in Richtung des 36 Quadratmeter großen Büdchens und lassen enttäuscht den Blick wieder über den Weiher schweifen. Dann ist eben die nächste Bockwurst meine, mögen sie denken. Am Kalscheurer Weiher geht alles etwas gemütlicher zu. Und familiärer. Eine kleine Oase mitten im Grüngürtel, die es ohne das Engagement einiger Bürger so nicht geben würde. Diese gründeten den Verein »Unser Kalscheurer Weiher e. V.« und betreiben hier einen Biergarten mit Kiosk und eine Bootsstation. Neben Sommerkonzerten werden auch Martinsumzüge, Stockbrotbacken und Nikolausfeiern veranstaltet. Immer mit dabei: unzählige Kanadagänse, Blesshühner, Fischreiher und Schwäne, die sich auf der kleinen Insel inmitten des künstlich angelegten, 5,6 Hektar großen Gewässers besonders wohlfühlen.

Von den Spaziergängern sowie den bunten Kähnen, die ihnen auf dem Wasser Konkurrenz machen, scheinen sich die Tiere nicht sonderlich gestört zu fühlen. Gewundert haben sich Mensch und Tier dann aber doch, als im Sommer 2017 bei einer großen Reinigungsaktion auf dem Grund des 1928 angelegten Weihers – wie im Krimi – eine Menge Diebesgut gefunden wurde – inklusive eines verschlossenen Tresors. Seit der in Polizeigewahrsam ist, scheint die Idylle am Weiher wiederhergestellt.

TIPP: Beim Spaziergang um den Weiher kommt man an einer römischen Grabkammer vorbei, die bei der Anlage des Äußeren Grüngürtels gefunden wurde. Man schätzt, dass sie zu einem römischen Gutshof gehörte und aus dem 1.–3. Jahrhundert stammt.

Adresse Zollstocker Weg, 50969 Köln-Zollstock, www.kalscheurer-weiher.de // **ÖPNV** Bahn 12, Haltestelle Südfriedhof

51_ DAS KAMELLEBÜDCHEN

Bonbon-Alarm in der Altstadt

Wie kommt der Elefant in das Bonbon? Und warum schmecken manche der kleinen Dinger nach Melone, andere wiederum nach Erdbeer, Pfefferminze oder Zitrone? Und wie schafft man es, dass Lollis gleich zwei Farben haben? Kinder, die lieber essen, statt darüber nachzudenken, werden bei diesen Fragen ungemein neugierig. Aber kaum einer ahnt, dass die Herstellung von Bonbons auf einem jahrhundertealten Handwerk beruht, das heute nur noch wenige Menschen beherrschen.

Dabei ist es nahezu magisch, wie aus nur ein paar Zutaten wahre Köstlichkeiten entstehen. Im Kamellebüdchen in der Kölner Altstadt, das von der Agentur Zuckerzahn betrieben wird, kann man sich das von Mittwoch bis Sonntag live anschauen: Zuerst wird der Zucker mit Glukose auf 160 Grad erwärmt. Nachdem Lebensmittelfarbe und Aroma hinzugefügt wurden, muss es plötzlich ganz schnell gehen mit der weiteren Verarbeitung, damit die Masse nicht hart wird. Nun kann man sie nach Belieben formen – zu Buchstaben, kleinen Herzen oder sogar Emojis. Und während in der Küche schon der nächste Zuckertopf vor sich hin köchelt, wird die süße Masse mit viel Kraft in die Länge gezogen und auf Bonbongröße zerteilt. Lecker! In der kleinen Manufaktur mit Werksverkauf werden regelmäßig Workshops für Kinder und Erwachsene abgehalten, die sich im fliegenden Wechsel alle mal in der Kunst des Bonbonmachens versuchen können – und selbstverständlich darf man die bunten Süßigkeiten am Ende auch mit nach Hause nehmen.

Adresse Auf dem Rothenberg 9a, 50667 Köln-Altstadt-Nord, www.kamellebuedchen.de // ÖPNV Bahn 16, 18, Haltestelle Dom / Hbf, Bahn 5, Haltestelle Rathaus // Öffnungszeiten Mi, Do, So 11 – 18 Uhr, Fr, Sa 11 – 19 Uhr, nach Voranmeldung unter Tel. 0221/96266150 kann man die Manufaktur auch besichtigen und den Bonbonmachern über die Schulter schauen; Kursbuchungen unter www.kamellebuedchen.de/kurse

TIPP: Ganz in der Nähe – zwischen dem Rathaus und dem Wallraf-Richartz-Museum – entsteht zurzeit die sogenannte Archäologische Zone. Schon jetzt sind das Prätorium und die Mikwe im Rahmen von Führungen zu besichtigen.

52_ DAS KATZENCAFÉ

Schmusen mit Millie und Merlin

In der kleinen Ritterstraße – ganz in der Nähe vom Ebertplatz – wohnen zwei Katzen, die furchtbar gerne schmusen. Zu ihrem großen Glück leben Millie und Merlin, die als Babys vor einer Zoohandlung in Moskau ausgesetzt wurden, im »Café Schnurrke«, wo jeden Tag (außer montags) viele nette Katzenfreunde vorbeikommen. Damit die kleinen Bewohner nicht auf die Straße laufen können, wenn die Tür aufgeht, hat Besitzerin Sabrina Szabo eine Schleuse einbauen lassen. Ganz schön klug, nicht wahr?

Das erste Katzencafé wurde im Jahr 1998 im fernen Taiwan eröffnet, wo ein Caféhausbesitzer einigen abgemagerten Straßenkatzen aus Mitleid spontan ein Zuhause bot – womit er unverhofft eine wahre Attraktion geschaffen hatte! So haben schließlich japanische Touristen den Trend nach Tokio gebracht, wo die tierischen Cafés heute nicht mehr aus dem Straßenbild wegzudenken sind.

Zum Rundum-glücklich-Angebot des Kölner Katzencafés – übrigens dem allerersten in Nordrhein-Westfalen – gehört auch eine Karte mit leckeren Getränken und frischen vegetarischen Speisen. Die werden in einem separaten Raum zubereitet, um Katzenhaare im Essen zu vermeiden. Das kleine Café ist ein absoluter Lieblingsort für Groß und Klein, dennoch sollten Eltern Babys und Krabbelkinder gut im Auge behalten, damit die zwei Tiere auch weiterhin so zufrieden um die Wette schnurren können – mit Kätzchen muss man nämlich ganz behutsam umgehen. Aber auch das kann man ja im »Café Schnurrke« lernen.

TIPP: Um die Ecke befindet sich der Klingelpützpark, wo ein riesiger Spielplatz für alle Altersklassen mit großer Hangrutsche, Basketball- und Bolzplatz sowie einer Halfpipe auf Besucher wartet. Hier stand bis vor Kurzem ein richtiges Gefängnis, das dem Park seinen Namen gab!

Adresse Café Schnurrke, Ritterstraße 27, 50668 Köln-Neustadt-Nord, www.cafeschnurrke.de // **ÖPNV** S 6, S 11, S 12, S 13, RB 25, Bahn 12, 15, Haltestelle Hansaring // **Öffnungszeiten** Di–So 11–19 Uhr

53_ DER KELLERLADEN E. V.

Familientreff im »Keller–Express«

Vor über 30 Jahren ist im Stadtteil Bilderstöckchen ein kleines Wunder passiert, das bis heute seine Wirkung tut. Hier nämlich haben die Anwohner einer Wohnsiedlung den »Kellerladen e. V.« gegründet und aus den Kellern und Vorplätzen ihrer Häuser einen Familientreff der besonderen Art geschaffen. Neben einigen groß angelegten Hilfsprojekten, mit denen unter anderem Menschen in Rumänien unterstützt werden, hilft man sich hier in erster Linie untereinander. Warum auch nicht: Der eine kann Haare schneiden, ein anderer Fahrräder reparieren, jemand passt auch schon mal auf den Nachwuchs auf – also Nachbarschaftshilfe par excellence. Dass auch die Bedürfnisse anderer nicht vergessen werden, zeigt die wöchentliche Lebensmittelausgabe in der Escher Straße. Hier geben Hartz-IV-Empfänger oder Köln-Pass-Inhaber am Morgen eine leere Tasche ab und bekommen sie am Abend aufgefüllt wieder – seit Jahren jeden Donnerstag. In Bilderstöckchen muss niemand Hunger leiden.

Im sogenannten »Vereinstreff« gibt es das ganze Jahr über Kaffee, Kuchen und kalte Getränke. Der umgebaute Eisenbahnwaggon ist der perfekte Elternparkplatz, weil man von hier einen guten Blick auf den tollen Spielplatz und über das ganze Gelände bis rüber zur kleinen Kapelle hat. Mit etwas Glück läuft einem sogar mal der berühmte Bruder Lukas über den Weg, von dem einst die Idee zum Kellerladen stammte. Nach dem Benediktinermönch – übrigens Träger des Bundesverdienstkreuzes – wurde auch der Jugendclub um die Ecke benannt. Wie der heißt? Na, »Lucky's Haus«!

TIPP: Im »Gartenclub« in der Straße Am Bilderstöckchen, Nummer 87, keine fünf Minuten entfernt vom Kellerladen, wird montags von 15 bis 17.30 Uhr gemeinsam gegärtnert.

Adresse Alzeyer Straße 5, 50739 Köln-Bilderstöckchen, www.kellerladen-ev.de // **ÖPNV** Bus 121, 127, 140, 147, Haltestelle Am Bilderstöckchen // **Öffnungszeiten** Vereinstreff Mo–Mi 8–17 Uhr, Do, Fr 8–11 Uhr

54_ DAS KINDERFENSTER

Flugzeuge aus Glas

Was macht ein Auto im Dom? Tja, das wissen wohl die wenigsten. Die Kölner Kathedrale ist zwar weltberühmt, aber kaum einer kennt das wunderschöne Kinderfenster, das sich gleich rechts des Eingangs am nördlichen Querhaus befindet. Es zeigt Szenen mit Kindern aus dem Alten und Neuen Testament, aber auch das, was Kinder einfach beeindruckt: ein Flugzeug zum Beispiel oder einen Schutzengel, der ein Kind gerade noch rechtzeitig von der Straße zieht, bevor ein Auto heranrast.

In der rechten Außenbahn sieht man in der vierten Szene von unten die edlen Spender höchstpersönlich: Denn Kölner Kinder haben im Jahr 1948 Geld gesammelt, um dem im Krieg zum Teil beschädigten Dom ein Fenster zu schenken. Ein schönes Symbol für den Wiederaufbau der Stadt – dennoch wurde ihre Idee erst 1965 von dem Künstler Bernhard Kloss umgesetzt. Aber besser spät als nie.

Übrigens beträgt die gesamte Fensterfläche des Doms 10.000 Quadratmeter, etwa 1.500 Quadratmeter sind aus dem Mittelalter erhalten geblieben. Am berühmtesten ist inzwischen aber das 2007 eingeweihte »Richter-Fenster« des Künstlers Gerhard Richter, das aus 11.263 Farbquadraten in 72 verschiedenen Farben besteht. Je nachdem, wie das Licht einfällt, taucht es den Kirchengang in ein wunderschönes buntes Licht.

TIPP: Regelmäßige Kinderführungen auf, unter und durch die Kathedrale bietet das DOMFORUM direkt gegenüber vom Nordportal an. Hier gibt es übrigens einmal im Monat auch Familienkino, samstags um 17 Uhr. (www.dom-fuer-kinder.de)

Adresse Kölner Dom, Domkloster 4, 50667 Köln-Altstadt-Nord // **ÖPNV** Bahn 5, 16, 18, Haltestelle Dom/Hbf

55_DAS KIWAKI

Kino mit Kinderwagen

Die Filmvorführung beginnt um elf Uhr am Morgen, und zwar ohne vorgeschaltete Werbung. Und während sich auf der Leinwand große Gefühle wie Liebe und Leidenschaft abwechseln, wird auch im Saal gejuchzt und geweint. So, wie es sich eben für richtige Kinobesucher gehört. Na ja, nicht ganz. Beim »KinderWagenKino« ist nämlich der Nachwuchs bis zum vollendeten ersten Lebensjahr ausdrücklich erwünscht. Und so gestaltet sich dieser besondere Kino-Vormittag, den das »Cinenova« monatlich als private Veranstaltung organisiert, doch etwas anders als ein gewöhnlicher Kinobesuch: Nachdem im Foyer die Kinderwagen geparkt wurden, nehmen manche Säuglinge im Saal auf ihren Kuscheldecken Platz, andere wiederum werden wie die Könige herumgetragen oder gestillt. Das Schöne: Keinen stört es, denn alle sitzen ja im selben Boot. Oder besser: im selben Film. Und den sucht ein Gremium von filmbegeisterten Müttern gemeinsam mit den Kinomachern aus. Als besonderes Bonbon wird gelegentlich auch mal eine Umfrage unter den Zuschauern gestartet – dann kann man sich sogar einen Film wünschen.

In babyfreundlicher Umgebung also – der Ton ist nicht ganz so laut ist wie sonst, und das Licht bleibt leicht gedimmt – scheinen sich so auch die »Kunden von morgen« rundum wohl in dem Kino zu fühlen, das seit mehr als 20 Jahren den Stadtteil Ehrenfeld durch den riesigen Biergarten, ein gemütliches Café und regelmäßige Open-Air-Vorstellungen aufwertet. Die Gastronomie hat zwar am Morgen noch nicht geöffnet, aber für die, die schon Gläschen können und ganz hungrig sind, steht eine Mikrowelle zur Verfügung. Und schöne Cafés gibt es auf der nahen Venloer Straße eine ganze Menge.

Adresse Herbrandstraße 11, 50825 Köln-Ehrenfeld, www.cinenova.de/ programm/kinderwagenkino // ÖPNV U-Bahn 3, 4, 13 und Bus 141, 142, 143 bis Haltestelle Venloer Straße / Gürtel // Öffnungszeiten jeden 2. Mittwoch im Monat und nur nach Anmeldung unter kiwaki-koeln@web.de; Eintritt Eltern 6 Euro, Kinder frei

TIPP: Schräg gegenüber vom Kino befindet sich das Bürgerzentrum Ehrenfeld, wo es günstigen Mittagstisch für alle und tolle Angebote für Kinder und Jugendliche gibt. (www.buergerzentrum.info)

56_DIE KINDER-WERKSTATT

Frottage im Max Ernst Museum

Holztische sehen mit ihrer wilden Maserung aus wie aufregende Landschaften. Tapeten hingegen sind oft ganz rau und voller kleiner Augen, die einen anblicken. Fährt man mit dem Finger über eine Maueroberfläche, blitzen plötzlich kleine phantastische Wesen auf. Verrückt, welche Streiche einem die eigene Wahrnehmung spielen kann. Der Künstler Max Ernst (1891–1976) hatte viele Ideen, wie man sich auf ganz neue Weise mit den Oberflächen von Dingen beschäftigen und sogar Kunstwerke erschaffen kann. Seine Frottage-Technik ist die bekannteste und vor allem bei Kindern sehr beliebt. Man nimmt ein Papier und einen Stift und schraffiert eine Fläche. Schon drücken sich alle Unebenheiten des Untergrunds auf dem Papier ab. Gegen eine Gebühr von zwei Euro können sich Kinder von vier bis acht Jahren einen Museumskoffer ausleihen, in dem alles enthalten ist, was man dafür braucht, ergänzt um viele andere spannende Sachen.

In Brühl, dem Heimatort des Künstlers, zeigt das Museum auf zwei Etagen, was Max Ernst im Laufe seines Leben geschaffen hat: Bilder, Skizzen und Skulpturen. Im gemütlichen Café kann man sich zwischendurch mal ausruhen, der Nachwuchs hingegen kann immer sonntags ab 15 Uhr in der Kinderwerkstatt selbst aktiv werden. Unter fachkundiger Anleitung sind die kleinen Künstler dann eifrig bei der Sache, während die Erwachsenen einen Rundgang durchs Haus machen. Vielleicht heimlich ausgestattet mit Stift und Papier. Ein Strolch, der Böses dabei denkt …

Adresse Max Ernst Museum Brühl des LVR, Comesstraße 42/Max-Ernst-Allee 1, 50321 Brühl, www.maxernstmuseum.lvr.de // **ÖPNV** Bahn 18, Haltestelle Brühl-Nord, RE 5, RB 26, RB 48, Haltestelle Bahnhof Brühl // **Öffnungszeiten** Di–So 11–18 Uhr; Eintritt Erwachsene 7 Euro (Aufpreis während Sonderausstellungen), Kinder bis 18 Jahre frei

TIPP: In unmittelbarer Nachbarschaft kann man die Schlösser Brühl besichtigen. Eine Kombikarte ist im Museum erhältlich. Empfehlenswert ist auch ein Spaziergang durch den eindrucksvollen Schlosspark.

57_DIE KNOCHEN-KAMMER

In Sankt Ursula lächeln die Toten

Ein bisschen gruselig ist das schon: ein Raum voller Knochen, Schädel und Gebeine inmitten selig lächelnder Heiligenfiguren. Betritt man die Kirche Sankt Ursula, die man schon von Weitem an ihrer goldenen Krone erkennt, befindet sich gleich rechts die Goldene Kammer – ein Kleinod, das einzigartig auf der Welt ist. In der Knochenkammer, wie sie auch genannt wird, befindet sich seit 1648 eine Art überirdischer Friedhof. Denn als man damals den Erweiterungsbau der Kirche in Angriff nahm, stieß man auf ein Massengrab mit Tausenden Skeletten aus dem 4. Jahrhundert. Angeblich waren auch die Gebeine der heiligen Ursula darunter, deren leicht ramponierter Schädel vorne auf dem Altar in einer Vitrine steht. Wissenschaftliche Untersuchungen haben übrigens seine Echtheit mit einer hohen Wahrscheinlichkeit bestätigt.

Der Legende nach hatte die schöne Königstochter mehrere Bedingungen gestellt, bevor sie in eine Heirat mit dem Königssohn Ätherius einwilligen würde: Drei Jahre sollte er auf sie warten, und in der Zeit wollte sie mit ihren BFFs, also ihren zehn besten Freundinnen, nach Rom gehen. Auf dem Rückweg soll die Reisegruppe auf 11.000 Jungfrauen plus Verehrer angewachsen sein. Doch als die Schiffe bei Köln den feindlichen Hunnen, die vor der Stadt lagerten, in die Arme fuhren, war Schluss mit lustig. Ursula und ihre Gefolgschaft wurden richtig fies umgebracht. Und weil sie es jetzt hinter sich haben – dieses ganze Leid auf Erden –, lächeln die Heiligen. Eigentlich logisch!

TIPP: Eine Henkersmahlzeit bekommt man gleich gegenüber im Brauhaus »Schreckenskammer«, das vermutlich seinen Namen daher hat, dass es hier für die zum Tode Verurteilten eine letzte Mahlzeit gab.

Adresse Ursulaplatz, 50668 Köln-Altstadt-Nord //
ÖPNV Bahn 12, 15, Haltestelle Hansaring, Bahn 5, 16, 18,
Bus 132, Haltestelle Breslauer Platz / Hbf // **Öffnungszeiten**
Mo, Di, Do – Sa 10 – 12 und 15 – 17 Uhr, Mi 10 – 12 und
15 – 16.30 Uhr, So 15 – 16.30 Uhr; Eintritt für Kinder bis
15 Jahre frei, Erwachsene 2 Euro

58_DER KÖLN EIS E.V.

Die Mutter des Kölner Eissports im Lentpark

Auch Gundi Busch, die 1953 und 1954 deutsche Meisterin im Eiskunstlauf wurde, hat mal klein angefangen. Die Sportlerin trainierte beim Kölner Eis-Club, wie »Köln Eis e. V.« damals hieß, und trug so den Namen des Vereins in alle Welt. Heute steht – neben dem Profisport – vor allem der Spaß am Eis im Vordergrund. Ob im eng anliegenden schicken Trikot oder dick eingemummelt im Schneeanzug, ob noch ganz jung oder schon lange dabei – eins haben alle, die in der Eissporthalle am Lentpark ihre Runden drehen, gemein: den Wunsch, auf Schlittschuhen möglichst elegant vorwärtszukommen.

Was für ein Glück, dass sechs Jahre nach dem Abriss des alten Lentpark-Stadions im Jahr 2009 dieses riesige moderne Eissport- und Schwimmstadion eröffnet werden konnte. Seitdem steht sowohl Vereinen als auch der Öffentlichkeit nicht nur die 1.800 Quadratmeter große Eisfläche zur Verfügung, sondern auch eine 260 Meter lange Hochbahn, die witterungsunabhängig rund ums Jahr genutzt werden kann. Samstags findet hier die Eis-Disco statt.

Wer so richtig Feuer fürs Eis gefangen hat, der schnuppert einfach mal in die Kurse vom »Kölner Eis-Klub e. V.« – kurz KEK – rein. Irgendwie scheinen die Leute – vom Platzwart über die Trainer bis hin zu den Vorstandsleuten, die teilweise selbst mal Profis waren – ganz besonders nett zu sein. Sie sitzen am Eingang der Halle, lächeln fortwährend und beantworten immer gerne alle Fragen rund um ihren Lieblingssport. Darauf ein leckeres Eis, dass es solche Vereine gibt!

Adresse Lentstraße 30, 50668 Köln-Neustadt-Nord // ÖPNV Bahn 16, 18, Bus 127, 140, 184, Haltestelle Reichensperger Platz // Öffnungszeiten öffentliche Nutzung der Eissporthalle Mo–Fr 8.30–22.30 Uhr, Sa 10–22 Uhr, So und Feiertage 9–21 Uhr; Infos zu den Trainingszeiten unter www.kek-koeln.de; Eintritt Kinder (unter 5 Jahre) 1 Euro/2 Stunden, 1,50 Euro/Tag, Jugendliche 5,50 Euro/2 Stunden, 7,50 Euro/Tag, Erwachsene 8 Euro/2 Stunden, 11 Euro/Tag

TIPP: Wer im Lentpark nicht links, sondern rechts abbiegt, kommt in den Schwimmbadbereich. Hier kann man im Sommer sogar in einem Naturbadeteich schwimmen.

59_DAS KÖLNER FESTUNGSMUSEUM

Ein kühler Hauch aus ferner Zeit

Was wäre, wenn die Zugbrücke jetzt plötzlich hochginge? Und man in dem dunklen, feuchten Gemäuer von 1873 eingeschlossen wäre? Und dann das alte Telefon klingeln würde?

Zugegeben: Ein bisschen mulmig kann es einem schon werden, wenn man das sogenannte »Zwischenwerk VIII b« in Bayenthal erkundet, in dem heute das Kölner Festungsmuseum untergebracht ist. In Kriegszeiten sollen sich in dem Fort um die 150 Soldaten aufgehalten haben. Außerdem bunkerte man hier unzählige Geschütze, Kanonen und Scheinwerfer – für den Ernstfall, sprich Krieg!

Es sind nur noch einige wenige dieser Anlagen in Köln erhalten, nachdem man die meisten nach 1918 dem Erdboden gleichgemacht hat. Das Fort X im Agnesviertel beispielsweise (siehe Ort 94) besteht noch immer, und das Geißbockheim vom FC ist auf das Fundament einer alten Fort-Anlage gebaut. Besichtigen kann man alle Anfang Juni am »Tag des Forts«.

Im Museum kann man sich auf einer alten Karte den einstige Festungswall um Köln anschauen – 182 solcher Forts soll es Ende des 19. Jahrhunderts gegeben haben. In einer Vitrine sind Fundstücke ausgestellt wie ein Bierdeckel aus Kriegszeiten und ein altes Nummernschild. Einen Raum weiter, zunächst kaum sichtbar, haben sich durch die Feuchtigkeit Stalaktiten und Stalagmiten, also richtige Tropfsteine, gebildet. Und dann gibt es zum Schluss noch einen weiteren kleinen Schockmoment: Denn in dem tiefen Brunnenschacht modert offenbar ein Skelett vor sich hin. Ob das echt ist? Klar! Echt Plastik!

Adresse Militärringstraße 10, 50996 Köln-Marienburg, www.museum.crifa.de // **ÖPNV** Bahn 16, Haltestelle Heinrich-Lübke-Ufer, Bus 132, Haltestelle Arnoldshöhe // **Öffnungszeiten** jeden 1. Sa und 3. So im Monat 12–18 Uhr, Führungen um 12, 14 und 16 Uhr, Anmeldung für Gruppen unter Tel. 0162/7399505

TIPP: Auf dem Zwischenwerk und in der Grabenanlage entstand bereits im Jahr 1985 der Skulpturenpark »Kunst am Fort«. Wer Lust hat, kann dort eine Runde spazieren gehen.

ZWISCHENWERK VIII B

60_DER KÖLNER KRIPPENWEG

Lego-Könige aus dem Morgenland

»Da liegt es, das Kindlein, auf Heu und auf Stroh« – so sang man früher zu Zeiten, als es noch keine Legosteine gab. Denn heutzutage kann das Jesuskind durchaus aus buntem Plastik bestehen und selbstverständlich auch darauf gebettet werden. Um diese ungewöhnliche Krippe aus Legosteinen haben sich die Jugendlichen vom CRUX gekümmert, dem Jugendpastoralen Zentrum der Katholischen Kirche in der Kölner Südstadt, die sich sonst zu Ferienfreizeiten und zum regelmäßigen Austausch im gleichnamigen Kirchen-Café treffen. Das Motto für ihre Krippengestaltung: »Gottes Sohn sucht ein Zuhause«. Und, ja: Warum sollte der nicht lieber ein selbst gebautes Lego-Haus nehmen als gar keins!

Der Kölner Krippenweg umfasst alljährlich 110 Stationen, zu denen auch die Lego-Krippe zählt. Besichtigt werden können sie von Ende November bis Anfang Januar im Rahmen von Führungen oder auf eigene Faust. Entlang des Weges durchs ganze Stadtgebiet kann man neben traditionellen Ensembles auch ganz außergewöhnliche Krippen, beispielsweise aus anderen Kulturen, bewundern. Manche sind winzig klein, andere füllen einen Raum aus. Neben den vielen unbeweglichen Figuren gibt es sogar eine wahrhaft lebendige Krippe: Im Tierpark in Lindenthal nämlich besteht sie aus echten Tieren und einem richtigen Stall. Zum Dreikönigstag kommen übrigens in den meisten Krippen drei Figuren traditionell hinzu: Kaspar, Balthasar und Melchior. Und dreimal darf man raten, aus welchem Material die drei Heiligen aus dem Morgenland im CRUX bestehen …

Adresse CRUX, An Zint Jan 1, 50678 Köln-Südstadt; Weitere Informationen zu allen Stationen des Kölner Krippenwegs findet man unter www.koelner-krippenweg.de. Es werden auch Führungen eigens für Familien angeboten. // **ÖPNV** Bahn 3, 4, Haltestelle Severinstraße

61_DAS KÖLNER KÜNSTLER THEATER

Puppen-Alarm in Ehrenfeld

Wenn das Zottel Mottel seine kleine Welt am Fuße des Berges verlässt, tut es ganz und gar wundersame Dinge. Während die Kinder im Theaterraum auf dem Boden sitzen, lässt die ulkige Puppe mit den bunten Struwwelhaaren sie teilhaben an all ihren Abenteuern – sozusagen auf Augenhöhe. Das Wechselspiel zwischen Figur und Mensch macht diese Stücke zu etwas ganz Besonderem. Figuren- und Objekttheater nennt sich das, worauf sich das Kölner Künstler Theater seit mehr als 20 Jahren spezialisiert hat.

Erst vor Kurzem haben die Theaterleiter Ruth und Georg zum Kley das neue Gebäude mit dem liebevoll eingerichteten Café, barrierefreiem Zugang und einem großen, bestuhlten Saal bezogen. In dem Theater sollen sich eben alle Menschen wohlfühlen – ob groß oder klein, sehend oder blind, arm oder reich, laufend oder im Rolli. Denn nur wenn alle gemeinsam lachen, klatschen und staunen, dann haben sie alles richtig gemacht: Tiu, der Troll, mit dem Schneekönig, Maigers Wirsing und Freddy Frettchen. Und natürlich der Esel Fridolino, der sich dank der Fremdenführerfliege Frieda inzwischen ganz gut in Köln auskennt – obwohl er kaum Kölsch versteht.

Übrigens wurde das Theater für den Jugend-Theater-Kurs »Respect Speech« mit dem Hidden Mover Award 2017 ausgezeichnet – in Zeiten von Fake News und Mobbing ein wichtiges Zeichen!

> **TIPP:** Einen gut ausgestatteten Spielplatz eher für kleinere Kinder mit lustigen Wippen, die aussehen wie Schafe, findet man direkt vor dem Theater, das sich am Rande einer autofreien Siedlung befindet. Praktisch!

Adresse Grüner Weg 5/Melatengürtel, 50825 Köln-Ehrenfeld // **ÖPNV** Bahn 3, 4, Haltestelle Venloer Straße/Gürtel, Bahn 13, Haltestelle Weinsberg-straße/Gürtel // **Öffnungszeiten** Spielplan unter www.k-k-t.de; Kartentelefon: Tel. 0221/5107686; Eintritt 7–16 Euro (je nach Stück und Alter)

62_ DIE KÖLNER PHILHARMONIE

Auch für Babys gibt's was auf die Ohren

Der Musiker Johann Sebastian Bach hatte 20 Kinder. Man kann sich also vorstellen, wie turbulent es bei ihm zu Hause zuging. Doch der Kinderlärm störte ihn nicht beim Komponieren. Vielleicht wirkt seine Musik deshalb häufig so beruhigend, auch auf die Allerkleinsten – vieles ist eigens für Kinder geschrieben worden. So ähnlich wie bei der Familie Bach geht es auch bei den Konzerten von »PhilharmonieVeedel Baby« zu, die reihum in der Comedia, im Bürgerhaus Kalk, in den Bürgerzentren Engelshof und Chorweiler oder im Altenberger Hof stattfinden. Da wird zwar zwischen den Liedern gebrabbelt, gestillt, geschrien, gejuchzt, was das Zeug hält. Doch sobald die Musik einsetzt, ist es oft mucksmäuschenstill. Zu diesen klassischen 45-Minuten-Konzerten am Vormittag sind alle Kinder mit ihren Eltern willkommen, die noch kein Jahr alt sind. Sobald die Kleinen ihren ersten Geburtstag gefeiert haben, können sie die MINI-Konzerte besuchen, und ab drei Jahren ist man dann bei den Familienkonzerten am Nachmittag dabei.

Ein ganz besonderes Erlebnis ist es sicher auch, wenn man – zum Beispiel im Rahmen des Kindertags Mitte Juni – zum allerersten Mal ein Konzert im großen Saal der Kölner Philharmonie erleben darf. Ein bisschen pikant: Während der Veranstaltungen muss das Dach der unterirdisch gelegenen Philharmonie – der Heinrich-Böll-Platz – gesperrt werden, weil jedes Geräusch per Schall nach unten übertragen wird. Über Störungen von Skateboards und Rollkoffern hätte selbst Johann Sebastian Bach nicht hinweggesehen.

Adresse Bischofsgartenstraße 1, 50667 Köln-Altstadt-Nord, www.koelner-philharmonie.de / mit-kindern, Kartenbestellung: Tel. 0221/280280 // **ÖPNV** Infos zu Veranstaltungsorten unter www.koelner-philharmonie.de / mit-kindern

TIPP: Wer selbst ein Instrument erlernen will, ist bei den »Musik-Kids« genau richtig: In der Musikschule am Mauritiussteinweg wird Flötenspiel ebenso unterrichtet wie Gitarre, Klavier und Geige. (www.musik-kids.de)

63_KROKOLINO & CO

Gemächlich über den Rhein

Gibt es eigentlich Krokodile im Rhein? Aber natürlich! Das kleine Krokolino kann 18 Menschen plus Fahrräder fressen. Mehr nicht, sonst bekommt es Bauchweh. Sein großer Bruder Krokodil kann sogar 40 Menschen hintereinander verschlucken. Das ist aber noch gar nichts gegen Frika, die große Schwester der beiden, die sich oft an Feiertagen im Rhein blicken lässt. Gruselig? Nö, überhaupt nicht. Denn es geht hier um die liebenswerteste Schiffsflotte des Rheinlands, wenn nicht gar auf der ganzen Welt. Die Touren mit den Rheinfähren dauern zehn Minuten und führen vom linksrheinischen Weiß zum rechtsrheinischen Zündorf. Und auf Wunsch natürlich auch wieder zurück. Das Angebot ist besonders beliebt bei Fahrradfahrern, deren Ausflugsziele die Minigolfplätze und lauschigen Cafés auf beiden Uferseiten sind. Und bei Touristen, die das Rheinpanorama lieben und keine Eile haben. Denn Tempo geht anders, so viel ist sicher. Richtige Hochseegefühle kommen nur auf, wenn ein großes Frachtschiff vorbeifährt und es ordentlich Wellen gibt.

Die Fährschifffahrt hat an dieser Stelle des Rheins eine lange Geschichte. Wie in alten Zeiten braucht man auch heutzutage einen Fährführerschein, um die Krokodil-Familie sicher über den Fluss zu bringen, und ein dickes Schifferdienstbuch mit vielen Fahrteneinträgen. Warum also nicht mal darüber nachdenken, statt Feuerwehrmann später mal Rheinschifffahrtskapitän zu werden. Ein Traumberuf, oder etwa nicht?

> **TIPP:** Ganz in der Nähe befindet sich der Hof Lorbach, der neben den Pferden für den Reitsportbetrieb auch Tiroler Grauvieh auf der Wiese stehen hat. Wer mal Stallluft schnuppern möchte, kann sich auf www.hof-lorbach.de informieren.

Adresse Anlegestelle Ecke Pflasterhofweg und Weißer Leinpfad, 50996 Köln, Tel. 02236/68334, www.faehre-koelnkrokodil.de // **ÖPNV** Bahn 7, Haltestelle Zündorf, Bus 131, Haltestelle Weißer Hauptstraße // **Öffnungszeiten** April–Sept. Mo–Fr 11–19 Uhr, Sa, So und Feiertage 10–20 Uhr, März und Okt. Sa, So und Feiertage 10–20 Uhr; Kinder unter 4 Jahren haben freie Fahrt, alle älteren Kinder bezahlen 1 Euro, die Erwachsenen 2 Euro

64_ DER KRONLEUCHTERSAAL

Ka(c)kofonie unter der Erde

Wer geruchsempfindlich ist, ist hier unten sicher falsch. Aber was kann man anderes erwarten, wenn man in Kölns Abwasserkanal spazieren geht? Etwa Rosenduft? Trotz des Gestanks, an den man sich mit der Zeit sogar gewöhnt, sind die halbstündigen Führungen im sogenannten Kronleuchtersaal fast immer ausgebucht. Manchmal findet sogar ein klassisches Konzert hier unten statt – ein Erlebnis für alle Sinne! Puh!

Während man auf die braune Brühe aus unseren Toiletten schaut, die in dem Kanal unter der Erde in Richtung Klärwerk gemächlich ihrer Wege zieht, erzählen die netten Mitarbeiter der Stadtentwässerungsbetriebe immer gerne die alte Geschichte von Kaiser Wilhelm II. Der nämlich hatte im Jahr 1890 seinen Besuch in Köln angekündigt, um unter anderem die damals neu angelegte Abwasseranlage unter der Erde zu besichtigen. Also dekorierte man die einzige Stelle des weitverzweigten Systems, die per Treppe bequem zugänglich war, mit zwei Kronleuchtern. Leider kam dem Kaiser etwas dazwischen, die mit Kerzen bestückten Leuchter blieben hängen und verrotteten unbeachtet im Laufe der Jahrzehnte.

Heutzutage erstrahlt sowohl die aufwendig renovierte Gedenktafel als auch ein neuer Kronleuchter mit elektrischen Birnen in neuem Glanz. Somit dürfte der Saal unter dem Theodor-Heuss-Ring tatsächlich der bestbeleuchtete Ort des 2.400 Kilometer langen Abwasserkanalnetzes sein, das nahezu alle Kölner Haushalte mit den fünf Klärwerken verbindet. Da sieht man doch auch die eigenen Exkremente noch mal in einem ganz anderen Licht, nicht wahr?

TIPP: Nur zehn Gehminuten vom Theodor-Heuss-Ring entfernt, in der kleinen Gasse Im Stavenhof, befindet sich das Familiencafé »Famillich«, das täglich geöffnet hat. Kinder mit Bewegungsdrang können sich in dem großzügigen Innenhof austoben. (www.famillich.koeln)

Adresse Ecke Theodor-Heuss-Ring/Clever Straße, 50668 Köln-Neustadt-Nord // **ÖPNV** Bahn 12, 15, 16, 18, Bus 127, 140, 184, Haltestelle Ebertplatz // **Öffnungszeiten** nur nach Voranmeldung unter Fuehrungen@steb-koeln.de oder unter Tel. 0221/22126845

65_ DIE KULTURKIRCHE

Hotspot für Kinderzimmerpunks

»Was willst du denn später mal werden?«, schallt es samstagnach-
mittags von der kleinen Bühne durch den Gemeindesaal der evan-
gelischen Lutherkirche in Nippes. Und schon rufen rund 50 kleine
Kinder sämtliche Berufe durcheinander. Die beste Antwort haben
die vier großen Jungs auf der Bühne selbst. Na ja, vielleicht nicht
die beste, aber in jedem Fall die lauteste: Die Rocker von Pelemele
überzeugen mit Schlagzeug, Gitarre, Bass und Verstärker alle im
Saal von ihrem Traum, Imker oder Olivenplantagenbesitzer werden
zu wollen. Jeder, der jetzt noch auf dem Boden herumsitzt, wird von
den anderen hochgezogen und mitgewirbelt – hier ist Stimmung in
der Bude, sorry, in der Kirche.

Nicht nur für Große, sondern auch für Kleine gibt es in der Siebachstraße in Nippes ein monatlich wechselndes Kulturangebot.
Neben Pfarrerin Mariam Haseleu und Pfarrer Thomas Diederichs
kümmert sich inzwischen ein großes Team um die beliebten Uku-
lele-Workshops, Rockkonzerte und Theater-Nachmittage. Gottes-
dienste für Kinder von zwei bis elf Jahren finden immer am letzten
Sonntag im Monat um elf Uhr statt – Eltern können also aus-
schlafen, vorausgesetzt, sie werden nicht eh in aller Herrgottsfrü-
he geweckt. Bei allen Veranstaltungen sind selbstverständlich auch
Imker und Olivenplantagenbesitzer aus anderen Kölner Veedeln
willkommen.

TIPP: Nicht weit entfernt, in der
Cranachstraße 22, lohnt sich ein Besuch bei
»Eis-Engeln«, wo es leckeres selbst gemachtes Eis gibt.
Oft nicht ganz leicht, hier einen Sitzplatz zu finden,
aber man kann es sich auch gegenüber auf einer
Bank gemütlich machen. Kult!

KULTUR-
KIRCHE
FÜR KINDER

Adresse Siebachstraße 85, 50733 Köln-Nippes,
Hotline der Kulturkirche für Kinder: Tel. 0221/29868795,
www.kulturkirche-koeln.de // ÖPNV Bahn 12, 15,
Haltestelle Florastraße

66_KUNST+KIND

Mit dem Schnuller ins Museum

Spargel? Nö, das ist noch nichts für Greta und Charlie. Die beiden fünf Monate alten Mädchen interessieren sich viel mehr füreinander als für das Gemälde von Édouard Manet aus dem Jahr 1880, das im dritten Stock des Wallraf-Richartz-Museums hängt und ein Spargelbündel auf einem grünen Blätterbett zeigt. Das ist aber auch kein Problem. Im Gegenteil: Alle Erwachsenen, die an der KUNST+-KIND-Führung von familie&kunstfreunde teilnehmen, haben ihre Babys im ersten Lebensjahr mitgebracht. Manche schlafen im Kinderwagen, andere werden gestillt, einige knüpfen erste Freundschaften. Zahlreiche Mütter und Väter nehmen zweimal im Monat die Möglichkeit wahr, für eine Weile in eine Welt einzutauchen, die nichts mit Strampler, Schnuller & Co zu tun hat. Und nutzen die Gelegenheit, sich einfach mal wieder – ohne das Gefühl zu haben, andere zu stören – in einem Museum bewegen zu können.

Die Idee geht auf eine Initiative der »Freunde des Wallraf-Richartz-Museum und des Museum Ludwig e. V.« zurück, der mit mehr als 5.500 Mitgliedern übrigens einer der größten Museumsvereine Deutschlands ist. Es scheint sich tatsächlich um eine Marktlücke gehandelt zu haben, gerade Familien mit Kindern den Zugang zur Kunst zu ermöglichen. Die ganz unterschiedlichen Angebote – für größere Kinder beispielsweise mit einer professionellen Betreuung – haben nämlich inzwischen sogar bundesweit Schule gemacht.

Nicht nur die Besucher, sondern auch die Experten, die sich ehrenamtlich als Kunstvermittler zur Verfügung stellen, sind mit ganzem Herzen dabei – das merkt man. In angenehmer Tonlage, mit viel Geduld und einer Begeisterung, die ansteckend ist, geht es bei den 45-minütigen Führungen immer nur um ein Thema oder einige wenige Bilder. Mit diesem Input im Kopf treffen sich alle, die mögen, später noch zum Austausch im Museumscafé. Und was für ein Zufall: Da steht doch heute ausgerechnet Spargel auf der Speisekarte …

TIPP: Der Museumsdienst bietet auch für Kinder Führungen durch die Kölner Museen an. Und unter dem Motto »MuseumKinderZeit« wird jeden Samstag eine Werkstatt für Fünf- bis Siebenjährige veranstaltet.

Adresse Freunde des Wallraf-Richartz-Museum und des Museum Ludwig e. V., Martinstraße 39, 50667 Köln-Altstadt-Nord // **ÖPNV** jeweilige Veranstaltungsorte unter www.museumsfreunde-koeln.de // **Öffnungszeiten** Termine unter www.museumsfreunde-koeln.de/programm-familie-kunstfreunde

67_DAS MAKERSPACE

Flitzi, Thinkerbot & Co

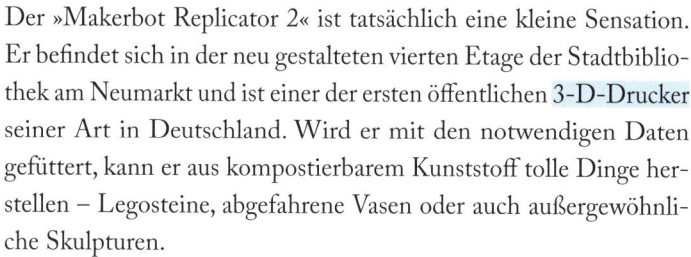

Der »Makerbot Replicator 2« ist tatsächlich eine kleine Sensation. Er befindet sich in der neu gestalteten vierten Etage der Stadtbibliothek am Neumarkt und ist einer der ersten öffentlichen 3-D-Drucker seiner Art in Deutschland. Wird er mit den notwendigen Daten gefüttert, kann er aus kompostierbarem Kunststoff tolle Dinge herstellen – Legosteine, abgefahrene Vasen oder auch außergewöhnliche Skulpturen.

Die Kölner Stadtbibliothek, mit 2,3 Millionen Besuchern im Jahr die meistbesuchte Kultur- und Bildungseinrichtung der Stadt, hat mit dem Makerspace einen Raum zum Experimentieren und Ausprobieren geschaffen – für den ganz jungen Technikfreak genauso wie für den neugierigen Senior. So stehen neben der Vinylbar, in der man Schallplatten und VHS-Kassetten digitalisieren kann, ein Planetarium, Solarspielzeugautos, »Easy Electronic« (Schaltungen), Lego Boost (Mindstorm für Kinder), ein Mikroskopieraufsatz für das Smartphone, Robotersets, eine Wetterstation, ein Miraskop (Holografie), Tangram in 3-D, ein Baumeisterspiel, ein Naturentdeckungskoffer, NAO-Computer und Arduino-Starterkits zum Ausleihen zur Verfügung. Ganz nach dem Motto »Entdecke, entwerfe und teile« ist der Makerspace inzwischen für viele schon zum zweiten Zuhause geworden. Und wem doch mal der Kopf schwirrt von all der multimedialen Technik, der kann einfach mit dem Aufzug runter in die Kinderbibliothek fahren. Hier warten mehr als 10.000 Bücher darauf, ausgeliehen und gelesen zu werden. Und Hörspiele sowie Wii- und Konsolenspiele gibt es hier unten übrigens auch.

> **TIPP:** Lesungen sowie Mitmach-Workshops finden das ganze Jahr über im Rahmen des Programms des Jungen Literaturhauses statt, das seinen Sitz am Großen Griechenmarkt hat (www.junges-literaturhaus.de). Nix wie hin!

Adresse Stadtbibliothek, Josef-Haubrich-Hof 1, 50676 Köln-Altstadt-Süd, www.stadt-koeln.de/service/ adressen/zentralbibliothek // **ÖPNV** Bahn 1, 3, 4, 7, 9, 16, 18, Bus 136, 146, Haltestelle Neumarkt // **Öffnungszeiten** Stadtbibliothek Mo 10–18 Uhr (keine Anmeldung und Beratung), Di, Do 10–20 Uhr, Mi, Fr 10–18 Uhr, Sa 10–15 Uhr; Makerspace-Workshops: Termine unter www.stadt-koeln.de/leben-in-koeln/stadtbibliothek/ bibliotheken-archive/workshops

68_DER MATSCH-SPIELPLATZ

Sand + Wasser = Schlamm

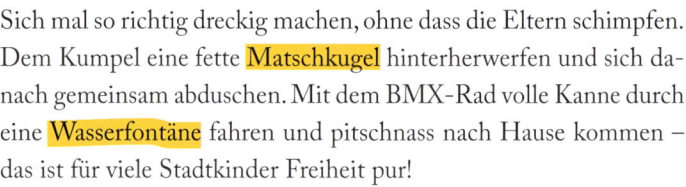

Sich mal so richtig dreckig machen, ohne dass die Eltern schimpfen. Dem Kumpel eine fette Matschkugel hinterherwerfen und sich danach gemeinsam abduschen. Mit dem BMX-Rad volle Kanne durch eine Wasserfontäne fahren und pitschnass nach Hause kommen – das ist für viele Stadtkinder Freiheit pur!

Am Rande des idyllischen Nippeser Tälchens, unter hohen, schattenspendenden Bäumen gelegen, befindet sich der allseits beliebte Wasserspielplatz. Natürlich mit Rutsche, Federwippe und Schaukel ausgestattet, ist es aber vor allem die große Matschanlage, die begeistert: Auf Knopfdruck kommt das Wasser im Sommer aus dem Hahn und läuft ein langes Holzlabyrinth entlang. Ganz Wagemutige klettern da drauf und versuchen das kühle Nass aufzuhalten, allerdings zumeist vergeblich. Für die Eltern gibt es genügend Bänke und eine Picknickfläche, um sich niederzulassen.

Dass das Wasser im Nippeser Tälchen – heute nördlich der Innenstadt gelegen und viele Kilometer vom Rhein entfernt – eine lange Tradition hat, ahnen die wenigsten: Der von Niehl über Nippes nach Riehl verlaufende alte Rheinarm, der hier vorbeiführte, ist heute längst ausgetrocknet und mit Häusern bebaut. Doch noch im 19. Jahrhundert erinnerte der Nippeser Weiher mit wunderschönem Volksgarten, der den Kölner Bürgern viele Jahre als Erholungsgebiet diente, an den alten Verlauf des Rheins.

Auch heute noch fühlen sich Freizeitsportler, Verliebte, Hundebesitzer oder Großfamilien in dem schönen Park pudelwohl. Der ehemalige Weiher ist zwar schon vor langer Zeit trocken gelegt worden, die Wasserzufuhr am Matschspielplatz ist nach wie vor top.

Adresse Nippeser Tälchen, 50733 Köln-Nippes, Zugang über den Niehler Kirchweg // **ÖPNV** Bahn 12, 15, Haltestelle Florastraße

TIPP: Der »Altenberger Hof« bietet Biergarten, Kabarett, Spielplatz und gute Gastronomie.

69_DER MEDIAPARK

Die größten Hausnummern von Köln

Hausnummern dienen ja vor allem der besseren Orientierung in der Stadt. Während die Schilder mit den Straßennamen in Deutschland immer gleich aussehen, können die Hausnummern ganz unterschiedlich sein – Hauptsache, die Hausbesitzer bringen sie gut sichtbar am Gebäude an. Die Hausnummern im Kölner MediaPark jedoch sind so groß, dass sie sogar vor den Gebäuden *stehen*. Mit einer Höhe von teilweise 2,40 Metern könnten die Ziffern aus Edelstahl – übrigens in der Schriftart »Thesis« – zu den größten Hausnummern der Stadt gehören. Dass die Zahlen von 1 bis 8 auch gut dafür taugen, eine besondere Geburtstagskarte zu erstellen, ist ein schöner Nebeneffekt: Wird das Kind beispielsweise sechs Jahre alt, nimmt es in der Rundung der Hausnummer 6 Platz. Einmal in die Kameralinse grinsen – fertig ist die ganz persönliche Einladung!

Krass, dass es sich bei dem 20 Hektar großen Gelände ehemals um den zentralen Güterbahnhof der Stadt handelte. Der wurde im Jahr 1860 in Betrieb genommen und erst im Oktober 1987 stillgelegt. Drei Jahre später erfolgte der erste Spatenstich für den Bau des supermodernen MediaParks mit künstlichem Weiher und großzügigen Grünflächen, so, wie er sich heute präsentiert.

Einen Plan mit Hintergrundinformationen zu allen Gebäuden, in denen sich unter anderem ein riesiges Kino, ein Fitnessstudio, die SK Stiftung und das Deutsche Tanzarchiv befinden, gibt es im Internet: Dann muss man sich vor Ort nur noch nach den Hausnummern orientieren. Und die sind ja nicht zu übersehen.

TIPP: Dank dem »Bumper Boot Beach« kann man bei gutem Wetter eine Bootsrunde auf dem Weiher inmitten des MediaParks drehen. Der Spaß dauert zehn Minuten und kostet fünf Euro. Tickets gibt es in der Maybachstraße 22–24.

Adresse MediaPark, 50670 Köln-Neustadt-Nord, www.mediapark.de // **ÖPNV** S-Bahn 6, 11, 13, Haltestelle Hansaring, Bahn 12, 15, Haltestelle Christophstraße / MediaPark

70_DIE MINIBIB IM WASSERTURM

Kultur für Kind und Kegel in Kalk

Eine neue sportliche Disziplin wird neuerdings im rechtsrheinischen Kalk gepflegt: Shoppen & Lesen. Denn wer nach einem ausgiebigen Bummel durch die riesigen »Köln Arcaden« ein bisschen Ruhe und Lesestoff benötigt, ist in der gemütlichen minibib im alten Wasserturm von 1904 goldrichtig. Um den alten Backsteinbau, der unter Denkmalschutz steht, hat man vor ein paar Jahren das Einkaufscenter einfach drum herum gebaut. Eine alte Turbine vor der Tür des Kalker Wahrzeichens erinnert an die ehemalige Nutzung als Wasserturm der »Chemischen Fabrik Kalk«, die 1993 geschlossen wurde.

Neben Büchern von Kölner Kinderbuchautoren findet man in der minibib auch internationale und sogar fremdsprachige Literatur und zahlreiche Hörspiele. Ehrenamtliche Helfer garantieren die täglichen Öffnungszeiten (außer sonntags) und eine fachkundige Beratung.

Mit dem Konzept der minibibs – die erste wurde bereits 2009 im Stadtgarten eröffnet – hat die mehrfach ausgezeichnete Kölner Stadtbibliothek etwas Tolles geschaffen für diejenigen, die gerne lesen und nicht immer einen Leihausweis zur Hand haben oder sich keinen leisten können. Denn hier bekommt man die Bücher einfach auf Vertrauensbasis mit nach Hause. Und wer's nicht glaubt: Das funktioniert!

Übrigens trifft sich im Kalker Turm auch einmal im Monat eine Gruppe von Leuten, die gemeinsam Spiele sichten und anschließend bewerten – dazu ist jeder von sechs bis 99 Jahren, der daran Freude hat, eingeladen. Nix wie hin!

Adresse Kalker Hauptstraße 55, 51103 Köln-Kalk, www.foerderverein-stadtbibliothek-koeln.de/minibib2.html // **ÖPNV** Bahn 1, 9, S-Bahn 12, 13, Haltestelle Trimbornstraße, Bus 150, Haltestelle Kalk Post // **Öffnungszeiten** Mo–Fr 14–17 Uhr, Sa 12–15 Uhr

TIPP: Was für Jugendliche das freie WLAN, ist für Kleinkinder das kostenfreie Spieleparadies in den »Köln Arcaden«.
A place to be!

71_ DIE MMC FILM UND TV STUDIOS

Hollywood in Köln

Wie kommt es, dass das Wetter im Fernsehen oft sonnig ist, obwohl es eigentlich draußen stürmt und schneit? Wo wird Fernsehkoch Steffen Henssler geschminkt, bevor er für seine Show an den Start geht? Und was ist ein »Green Screen«?

Auf dem 157.000 Quadratmeter großen Coloneum-Gelände der MMC Studios wurden bereits mehr als 100 Spielfilme gedreht sowie unzählige Serien, TV-Shows und Werbetrailer. In den 22 Studios gehen Stars und Sternchen genauso ein und aus wie Elektriker, Bühnenbauer, Regisseure, Kameraleute, Produzenten und Praktikanten. Die Firma MMC befindet sich seit dem Jahr 1999 auf dem ehemaligen Flughafengelände am Butzweilerhof (siehe Ort 18). Von hier aus wird übrigens nichts direkt ausgestrahlt – die fertigen Filme werden einfach zum Beispiel per Glasfaserkabel an die Auftraggeber, also Sender wie VOX, RTL oder Sat. 1, überstellt, von wo sie dann auf Sendung gehen.

Das und noch viel mehr erfährt man bei einer Führung über das Gelände, wo es neben einem riesigen Tageslichtstudio auch das legendäre Studio 53 gibt, das eine Deckenhöhe von 26 Metern hat. Hier wurden die aufwendigen »Pettersson und Findus«-Filme gedreht, für die man unfassbar viel Erde ins Studio gekarrt hat, um darauf echte Bäume zu pflanzen.

Als Highlight dürfen die Besucher ausprobieren, wie ein »Green Screen« funktioniert: Der nämlich lässt durch einen technischen Effekt jeden plötzlich vor dem Eiffelturm stehen oder durch New York schlendern. Ganz schön trickreich, diese Filmwelt, oder?

Adresse Am Coloneum 1, 50829 Köln-Ossendorf, www.mmc.de // ÖPNV Bahn 5, Haltestelle Sparkasse Am Butzweilerhof, Bus 139, Haltestelle Am Coloneum // Öffnungszeiten Termine und Tickets für die nahezu täglich stattfindenden Führungen findet man unter www.helikon-events.de/shop.html.

TIPP: Wer mal live als Zuschauer bei einer Aufzeichnung dabei sein möchte, kann sich – teilweise für kleines Geld – über die Webseite des jeweiligen Senders Karten sichern.

72_DER MONTE TROODELÖH

Abenteuertour zum höchsten Punkt der Stadt

Man darf sich die höchste Erhebung von Köln nicht wie einen richtigen Gipfel vorstellen. Es gibt dort keinen Aussichtspunkt, weil sie mitten im Wald des Königsforsts liegt. Und es gibt keine Einkehrmöglichkeit, auch wenn man den »Monte Troodelöh« inzwischen auf Wanderkarten und in Reiseführern findet. Benannt wurde dieser ungewöhnliche Berg nach seinen Entdeckern, deren Nachnamen Troost, Dedden und Löhmer lauten und die mit schwerem Messgerät unterwegs gewesen sind, um diesen Ort als den höchsten der Stadt auszumachen. Seither kann man sich bei dem auf 118,04 Metern aufgestellten Findling einen Stempel fürs Gipfelbuch abholen – sozusagen zum Beweis, dass man hier gewesen ist.

Das eigentlich Abenteuerliche ist jedoch der sagenumwobene Königsforst, durch den man auf breiten Wegen wandern muss, bis man am Ziel ist. Hier wechseln sich Heidelandschaft, Eichen- und Fichtenwald ab, und man kann seltene Blumen und Tiere am Wegesrand entdecken. Auch Reste von keltischen Hügelgräbern befinden sich in diesem Gebiet – man muss nur den Schildern folgen.

Besonders erfrischend ist der Stopp an der Wassertretstelle: Hier waten im Storchenschritt nicht nur Gichtgeplagte und alte Leute durch den kalten Giesbach, um dann frohen Mutes weiterzuziehen. Auch für kleine Besucher gilt: Das heilende Wasser darf später nur von den Füßen abgeschüttelt, nicht abgetrocknet werden. Sonst entfaltet es nicht die volle Wirkung!

Adresse Wolfsweg, 5147 Köln-Porz, detaillierte Wegbeschreibung unter www.monte-troodeloeh.de // ÖPNV Bahn 9, Haltestelle Königsforst, von dort 30 Minuten Fußweg (mit Kindern gerne auch doppelt so lang). Die Wege sind sowohl kinderwagen- als auch fahrradtauglich. Das Auto parkt man am besten an der »Schmitzebud«, Am Rather Mauspfad 2, wo man auch gut einkehren kann.

73_ DIE MUSEUMSWOHNUNG IM PAUL-SCHWELLENBACH-HAUS

Wohnen wie anno dazumal

Ein Kühlschrank ohne Strom, ein gusseisernes Bügeleisen und eine Schüssel unterm Bett fürs Pipi – wie soll das denn alles gehen? In der Museumswohnung im Stadtteil Höhenberg bekommt man auf anschauliche Weise einen Eindruck davon, wie die Menschen hier vor fast 100 Jahren gelebt haben. Einmal davon abgesehen, dass die berühmte Sängerin Caterina Valente beim Schneider um die Ecke eine Zeit lang Stammgast war, hielten sich in der Siedlung über viele Jahrzehnte eher Leute wie du und ich auf. Wie die damaligen Arbeiter der nahe gelegenen Humboldt Werke, die bestimmt nicht viel Geld hatten. Denen wollte die »Gemeinnützige AG für Wohnungsbau« (GAG) – im Jahr 1913 gegründet – erschwinglichen Wohnraum bieten.

Die Wohnung in dem heute sanierten und wieder im Originalgrün gestrichenen Haus bot jedenfalls schon wesentlich mehr Platz als so manch andere Behausung in der Umgebung. In drei Zimmern, Küche, Bad lebte mit Sicherheit eine Großfamilie. Und die hatte den massiven Holzschrank, einen stabilen Esszimmertisch und die original Pfaff-Nähmaschine im Alltag gewiss dringend nötig – übrigens sind die Gegenstände Leihgaben vom Kölnischen Stadtmuseum. Aber so ähnlich muss es wohl damals in der Germaniasiedlung ausgesehen haben, wie auch alte Fotos beweisen. Geheizt wurde mit Braunkohlebriketts. Und gebadet wurde nur am Samstag: Die ganze Familie übrigens schön hintereinander, im selben Badewasser und ohne gelbes Quietscheentchen.

Adresse Weimarer Straße 15, 51103 Köln-Höhenberg, www.gag-koeln.de/ wir-fuer-koeln/museumswohnung // **ÖPNV** Bahn 1, Bus 153, Haltestelle Fuldaer Straße // **Öffnungszeiten** jeden 1. und 3. Sonntag im Monat von 14–16 Uhr und nach Vereinbarung. Schulführungen können unter Tel. 0221/872110 gebucht werden. Geöffnet ist die Museumswohnung auch am »Tag des offenen Denkmals« und während der Museumsnacht.

TIPP: Es empfiehlt sich ein Besuch im Höhenbergbad direkt um die Ecke.

74_DER MUSIC STORE

Blockflöten, Drums und ein eigener Newsblog

Vielleicht sollte man erst mal klein anfangen, zum Beispiel mit einer Ukulele? Und sich dann erst zu den Akustikgitarren oder aber E-Gitarren vorarbeiten? Oder wäre ein Schlagzeug eher dazu geeignet, die Bühnen der Welt zu rocken? Auf vier Etagen findet man im Music Store in Kalk eine unglaubliche Auswahl an Instrumenten, Zubehör und Noten. Gut also, man hat schon einen Plan, wenn man das Musikparadies betritt. Oder man lässt sich fachkundig beraten.

Weil der Music Store auch eine Versandabteilung hat, sparen sich viele den Weg nach Kalk und bestellen die Instrumente per Post. Die darf man dann in Ruhe zu Hause ausprobieren und kann sie notfalls auch wieder zurückgeben. Schade nur, dass man dann das Stöbern auf 40.000 Quadratmetern Ladenfläche verpasst, wo sich neben einem kleinen Studio für Veranstaltungen und richtig flotten Autos, die überall als Deko parken, auch eine kleine Café-Bar befindet. Hier werden immer wieder neue Ideen entwickelt, um die Musiker von heute in den modernen Laden zu locken: mit einem Video-Channel beispielsweise, der über aktuelle Entwicklungen Auskunft gibt, und einem Newsblog auf der gut sortierten Website.

Man sollte sich allerdings von all dem Hokuspokus nicht abschrecken lassen. Wer nur seine erste Blockflöte kaufen möchte, ist hier ebenso herzlich willkommen wie der Profimusiker.

Immerhin haben nicht wenige ihre Musiker-Karriere bei »Jugend musiziert« mit kleinen Instrumenten begonnen, bevor sie groß rauskamen.

Adresse Istanbulstraße 22–26, 51103 Köln-Kalk, www.musicstore.de/de_DE/EUR // ÖPNV Bahn 1, 9, Haltestelle Kalk Post, dann 15 Minuten Fußweg // Öffnungszeiten Mo–Fr 10–19 Uhr, Sa 9.30–18 Uhr

TIPP: Ganz in der Nähe befindet sich das Abenteuermuseum »Odysseum«. Um dort alles entdecken zu können, braucht man idealerweise einen ganzen Tag. (www.odysseum.de)

75___DAS NATURFREUNDE-HAUS KALK

Gartenidylle im Häusermeer

Wer hätte gedacht, dass ein Naturfreundehaus mitten in der Großstadt stehen kann und trotzdem im Grünen liegt? In Kalk, dem angesagten, multikulturellen und quirligen Viertel im Rechtsrheinischen, stellt das weiße Haus mit den schön bepflanzten Blumenkästen und dem liebevoll angelegten Garten eine wertvolle Oase dar. 1956 feierlich eröffnet, steht es heute in zweiter Häuserreihe, hinter einem geschlossenen Wohnblock und neben einer Werkstatt für VW-Busse. Der perfekte Ort, um sich nicht virtuell, sondern im »real life« zu begegnen. Da sind beispielsweise die Atomkraftgegner, die ihre Flyer im Flur zum Mitnehmen ausgelegt haben. Andere ziehen sich gerne mal in den großen Saal zum Lach-Yoga zurück. Dorthin übrigens, wo am Wochenende auch die Matratzenlager internationaler Naturfreunde und -aktivisten aufgeschlagen werden. Die Mütter und Väter aus Kalk frühstücken auf der Terrasse, während ihre Kinder in dem großen Garten erste eigene Schritte unternehmen und zarte Freundschaftsbande knüpfen. Nicht zu vergessen die Studierenden im ersten Stock, die sich für kleines Geld hier einmieten, bis sie etwas anderes Bewohnbares gefunden haben.

Das Leben hier ähnelt dem im Insektenhotel, das sich – neben der selbst gebauten Trockenhecke und dem bunt blühenden Blumenbeet – bei Wespen, Bienen und Käfern großer Beliebtheit erfreut: Die einen kommen, die anderen gehen. Aber alle fühlen sich an diesem besonderen Ort miteinander sehr wohl – und wenn es gut läuft, befruchtet man sich gegenseitig.

TIPP: Naturfreunde sollten unbedingt mal an den Walderlebnistagen teilnehmen, die das Naturfreundehaus Kalk im Königsforst und in der Umgebung von Rösrath organisiert. (Anmeldung: walderlebnistagkoeln@gmail.com)

Adresse Kapellenstraße 9a, 51103 Köln-Kalk, www.naturfreundehaus-kalk.de // **ÖPNV** Bahn 7, 9, Haltestelle Kalk Kapelle // **Öffnungszeiten** nach Vereinbarung

76_ODONIEN

Feuerspeier auf dem Schrottplatz

Eine Herde Maschinenwesen stapft über das Gelände. Die Roboter haben rote Augen, sie fauchen und setzen einen Riesenfuß vor den anderen. Einer speit plötzlich Feuer, ein anderer wird von einem Mann mit Leine in Schach gehalten. Sind diese unheimlichen Kreaturen etwa lebendig? Fast könnte man das glauben. Doch beim Roboter-Kunst-Festival, das jedes Jahr auf dem Gelände des Künstlers Odo Rumpf stattfindet, wurde alles von Menschenhand geschaffen.

Das Freiluft-Atelier an der Hornstraße, das als eine Mischung aus Werkstatt, Biergarten, Kino und Veranstaltungszentrum dennoch irgendwie an Tante Mathildas Schrottplatz aus den »Drei ???« erinnert, hält am Wochenende immer auch Überraschungen für Familien bereit. Mal findet ein Sommerkonzert unter dem Motto »ZOCK around the Clock« statt, mal ein Mädchenflohmarkt. Bei gutem Wetter werden auf einer riesigen Leinwand Fußballspiele übertragen.

Und selbst wenn es regnet, bietet das Areal genügend Raum für Workshops, in denen man den Umgang mit Hammer, Säge und Lötkolben gezeigt bekommt. Während die einen vielleicht lieber über den »Markt des guten Lebens« schlendern, sich mit Flohmarktperlen und Kindersachen eindecken und dazu leckere, hochwertige Snacks verzehren wollen, können andere einfach eine Runde Frisbee spielen – Platz dafür gibt es hier jedenfalls genug.

TIPP: Wen die Kunst von Odo Rumpf begeistert, der kann sich den »Solarvogel« an der Rheinpromenade ansehen. Die Flügel des Kunstwerks werden mittels Sensoren und eines Mikroprozessors durch Sonneneinstrahlung bewegt.

Adresse Hornstraße 85, 50823 Köln-Neuehrenfeld, www.odonien.de und www.robodonien.de // **ÖPNV** S-Bahn 6, 11, Haltestelle Köln-Nippes // **Öffnungszeiten** Do – Sa ab 17 Uhr, So ab 15 Uhr und zu Veranstaltungen

77_DER PAOLOZZI-BRUNNEN

Skulpturenpark mit Wasserspiel

Wenn es richtig warm ist, dringt aus den Bodenwellen Wasser. Dann flutet das kühle Nass sanft die unterschiedlich großen Steine. Aus der Ferne mutet das Gebilde am Rheinufer wie eine kleine Stadt an. Erst beim Näherkommen erkennt man, dass es sich um einen Brunnen handelt. Einen von mehr als 90, die es in Köln gibt – viele davon führen jedoch kein Wasser. Dieser hier aber meistens schon, zumindest im Sommer: So verweilen Spaziergänger immer wieder gerne an diesem Ort, der zudem einen phänomenalen Blick auf den Rhein gewährt. Für Kinder dagegen zählt bei hohen Temperaturen nur eins: die Erfrischung und der Spaß am Spiel, denn hier lässt es sich prima von Stein zu Stein hüpfen, ohne dass man tief fallen kann.

Entworfen wurde der Brunnen unterhalb des Museum Ludwig von Eduardo Paolozzi. Die Skulpturen des schottischen Künstlers, der von 1977 bis 1981 als Professor an der hiesigen Fachhochschule tätig war, sind dafür bekannt, dass sie aus außergewöhnlichen, zweckentfremdeten Materialien bestehen. Im Fall des Brunnens am Rheinufer nutzte Paolozzi Steine einer ehemaligen Straßenbahnauffahrt zur Hohenzollernbrücke.

Den Kindern von heute ist die Herkunft der Steinquader wohl herzlich egal. Schon von Weitem ziehen sie ihre Eltern beim Spaziergang ungeduldig an der Hand, weil sie es gar nicht erwarten können, den Brunnen zu erreichen. Um zu planschen, zu hüpfen und zu klettern – alles im Schatten der großen Eisenbahnbrücke.

Adresse Frankenwerft, 50667 Köln-Altstadt-Nord // ÖPNV Bahn 5, 6, 18, Haltestelle Dom/Hbf, Bahn 1, 5, 7, 9, Bus 132, 133, 250, 260, 978, Haltestelle Heumarkt, dann kurzer Spaziergang am Rheinufer

TIPP: Gegenüber legen die Schiffe der »Köln-Düsseldorfer« ab, die Kindern von vier bis 13 Jahren für eine Rheintour einen ermäßigten Tarif von sechs Euro gewähren. (www.k-d.com)

78_DER PFERDESCHUTZHOF
Tierretter mit Herz

Carina, Arythan, Moreno und Shakespeare fühlen sich pudelwohl. Kein Wunder, verbringen sie doch ihren Lebensabend mit weiteren 13 Pferden, einigen Ziegen und vielen Katzen mitten im Grünen und werden täglich optimal versorgt. Das riesige Gelände des Vereins für Pferde, Tierschutz und Umwelt mit all seinen Stallungen und Weiden liegt im Naturschutzgebiet des Kölner Nordens – idyllischer geht es kaum.

Umso bedauerlicher, dass man hier nicht alle Tiere aufnehmen kann, die Hilfe brauchen: Das Geld des Vereins ist knapp, und die Ställe sind meistens belegt. Dabei werden täglich neue Pferde, nur weil sie alt und gebrechlich sind, von ihren Besitzern abgegeben. Toll ist es dann, wenn das Team vom Pferdeschutzhof doch noch Menschen mit Herz findet, die den Vierbeinern für die letzten Jahre ein Zuhause geben können.

Auch wenn die betagten Pferde nicht mehr zum Reiten zur Verfügung stehen, können Kinder und Jugendliche auf dem Hof gerne mit anpacken. Ab zwölf Jahre darf man eigenständig als »Pferdeschutzhof-Kiddie« beim Ausmisten und bei der Pferdepflege helfen. Schulklassen und Kindergärten können gegen eine Spende an einer Hofführung teilnehmen – inklusive Besichtigung des Kräutergartens und des neuen »Bienen-Projekts«. Und wer möchte, kann hier sogar Kindergeburtstag feiern. So kann man zwei Fliegen mit einer Klappe schlagen: ein tolles Projekt unterstützen und zugleich einen wunderbaren Tag mit Freunden auf dem Land verleben.

TIPP: Das Naturschutzgebiet »Am Ginsterpfad«, das zwischen Weidenpesch und Longerich liegt, bietet sich für ausgedehnte Spaziergänge an. Mit ein bisschen Glück entdeckt man seltene Tiere wie Kammmolche und Wechselkröten.

Adresse Kölner Schutzhof für Pferde, Tierschutz & Umwelt e. V., Auf dem Ginsterberg, 50737 Köln-Longerich, www.pferdeschutzhof.info **// ÖPNV** Bahn 15, Haltestelle Meerfeldstraße, danach 20 Minuten Fußweg, Bus 121, Haltestelle Hugo-Junkers-Straße, danach 20 Minuten Fußweg

79_DIE PIRANHA-FÜTTERUNG

Futter bei die Fische

Die Flusspferde haben es gerade hinter sich, und auch die Fischotter müssten schon satt sein, wenn sich montags um 15 Uhr der Eimer mit den kleinen toten Fischen dem Piranha-Becken nähert. Die fleischfressenden Tiere müssen jetzt einen Riesenhunger haben, denn die Piranha-Fütterung im Aquarium des Kölner Zoos findet nur einmal die Woche statt. Das Zeremoniell, zu dem sich immer viele Schaulustige einfinden, dauert nur wenige Minuten. Ein toter Fisch nach dem anderen wird von der Tierpflegerin in hohem Bogen ins Becken geworfen. Die rund 60 Tiere recken die Köpfe und sperren die Mäuler auf. Happ und weg. Zwei Kilo Fisch werden verfüttert – das muss reichen.

Ihr Image als gefährliche Raubtiere ist im Grunde falsch: Piranhas, die in den tropischen Süßgewässern Südamerikas leben, sind sehr sensible, ängstliche Tiere. Tritt man beispielsweise zu nah ans Becken, verschwinden sie sofort. Ändert sich etwas im Ablauf der Fütterung, fressen sie nichts. Auch die Annahme, dass die Tiere im Blutrausch alles fressen, was ihnen in die Quere kommt, ist falsch. Wie könnten sonst der Diskusfisch und der Harnischwels dauerhaft im selben Becken herumschwimmen? Zudem sind Piranhas richtige Feinschmecker: Könnten sie von einer Speisekarte wählen, würden sie sich immer für Forelle entscheiden.

Auch wenn die Fütterung so schnell vorübergeht, gehört sie zu den Kultevents des Zoos. Am besten, man kommt früh, dreht eine Runde durch das Aquarium, stellt sich ganz nach vorne und wartet, bis der weiße Eimer sich nähert. Und dann: Happ und weg. Guten Appetit!

Adresse Riehler Straße 173, 50739 Köln-Riehl, www.koelnerzoo.de // ÖPNV Bahn 18, Bus 140, Haltestelle Zoo / Flora // Anfahrt Parkplätze rund um den Zoo sind kostenpflichtig

TIPP: Direkt neben dem Zoo-Eingang befindet sich der Zugang zur Kölner Seilbahn. Ganz besonders ist natürlich die Fahrt in der grünen Känguru-Gondel, mit der sich das »Stadtmagazin« zur 100. Ausgabe im Jahr 2009 einen großen Wunsch erfüllt hat.

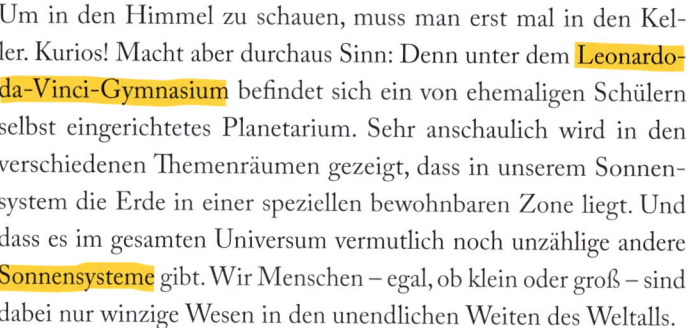

80_ DAS PLANETARIUM MIT STERNWARTE

Stäänefleejer in Nippes

Um in den Himmel zu schauen, muss man erst mal in den Keller. Kurios! Macht aber durchaus Sinn: Denn unter dem Leonardo-da-Vinci-Gymnasium befindet sich ein von ehemaligen Schülern selbst eingerichtetes Planetarium. Sehr anschaulich wird in den verschiedenen Themenräumen gezeigt, dass in unserem Sonnensystem die Erde in einer speziellen bewohnbaren Zone liegt. Und dass es im gesamten Universum vermutlich noch unzählige andere Sonnensysteme gibt. Wir Menschen – egal, ob klein oder groß – sind dabei nur winzige Wesen in den unendlichen Weiten des Weltalls.

Früher, als die Menschen weder Uhren noch Kalender besaßen, schauten sie in den Himmel, um zu sehen, welcher Tag gerade dran war. Die Sternengruppen, die immer gleich blieben, bekamen Namen: der Große Wagen oder der Kleine Bär beispielsweise. Viele der 88 Sternbilder kann man in der Kuppel des Planetariums bestaunen – natürlich wird zuvor das Licht ausgeknipst.

Begonnen hat die Bastelleidenschaft der Sternenforscher bereits 1960 mit der Sternwarte, die man auf dem Dach des Gymnasiums installierte. Durch ein großes Spiegelfernrohr lassen sich bei klarem Wetter – trotz Lichtverschmutzung – Mond und Planeten beobachten. Ein tolles Event – auch für Kindergeburtstage!

TIPP: Bitte erst nach der Besichtigung des Planetariums aufsuchen, weil sonst der Sand unter den Schuhen die Räume verschmutzt: Am Leipziger Platz erstreckt sich ein riesiger Spielplatz, der auch mit einem »Wipp-Hennes« aufwartet: Die Spiralwippe inGestalt des Maskottchens des 1. FC Köln gibt es in ganz Köln nur wenige Male!

Adresse Blücherstraße 15, 50733 Köln-Nippes (Eingang Bülowstraße), www.planetarium-koeln.de // **ÖPNV** Bahn 12, 15, Haltestelle Florastraße, Bus 140, Haltestelle Leipziger Platz // **Öffnungszeiten** während Führungen und nach Vereinbarung (Tel. 0221/71661429)

81_ DER PLATZJABBECK

Der Schnapphans am Rathaus

Das Schönste am Kölner Rathaus sind ja eigentlich die Hochzeiten. In dem Bau, der schon 800 Jahre auf dem Buckel hat, werden täglich Ehen wie am Fließband geschlossen. Doch wehe, es schlägt zwölf Uhr mittags. Dann nämlich reißt der Platzjabbeck unter der Rathausuhr sein riesiges Maul auf und streckt die knallrote Zunge heraus. Will er damit etwa die Hochzeitsgäste vergraulen?

Die unheimliche Maske aus Holz wurde vermutlich bereits im 16. Jahrhundert dort angebracht, um an eine der typisch seltsamen Geschichten um Kaiser Karl den Großen zu erinnern, der über Köln regierte. Der spielte mit seinen Söhnen angeblich gerne mal das Spiel »Mund auf, Augen zu«: Sie mussten mit geschlossenen Augen in etwas beißen, also jappen, ohne zu wissen, was es war. Trauten sie sich das, bekamen sie Ländereien geschenkt. Nur einer fand das doof: Der hieß Goband, war misstrauisch und machte das Spielchen nicht mit. So ging er leer aus.

Andere sagen, die Anbringung der Figur gehe darauf zurück, dass es die Handwerker im 16. Jahrhundert geschafft hatten, die Reichen aus dem Rathaus zu vertreiben. Die Fratze vom Platzjabbeck könnte also auch als Abschreckung für die Patrizier von damals verstanden werden, sich hier nie wieder blicken zu lassen. Warum man dem armen Kerl aber in den 1920er Jahren eine rote Zunge verpasste, ist unklar. Jetzt sieht es nämlich so aus, als wolle er dem frisch vermählten Bräutigam zurufen: »Pech gehabt, Alter! Jetzt habe ich dir die Braut vor der Nase weggeschnappt!«

Im Rathaus regieren seit jeher übrigens auch die Bürgermeister der Stadt. Wenn man Glück hat, sieht man sie auch mal vorbeihuschen.

Adresse Rathausplatz 2, 50667 Köln-Altstadt-Nord, Ostseite des Rathausturms // **ÖPNV** Bahn 1, 7, 9, Bus 132, 133, Haltestelle Heumarkt

TIPP: In der nahe gelegenen Straße Unter Goldschmied 3 befindet sich das Puppenmuseum mit angeschlossener Klinik für »erkrankte« Püppchen. Nach Voranmeldung unter Tel. 0221/254642 kann man hier täglich von 10–19 Uhr Spielsachen bestaunen. (www.puppendoktor-koeln.de)

82_DAS RADIOMUSEUM

Vom Hören mit Röhren

Als Thomas Alva Edison im Jahr 1877 in New York eine Maschine erfand, mit der man die eigene Stimme aufnehmen und später anhören konnte, war das zunächst einmal gar keine so große Sensation. Die erste Strophe des Kindergedichts über Marys kleines Lamm plus ein ziemlich gekünsteltes Gelächter von Edison selbst waren nämlich auf der Aufnahme vor lauter Rauschen kaum zu verstehen. Dennoch wäre ohne den »Phonographen« von damals weder die Erfindung des Radios noch des Telefons möglich gewesen, von der heutigen Musikindustrie mal ganz zu schweigen. Das Originalgerät von 1905, das es bis nach Köln-Dellbrück geschafft hat, ist nur eine von vielen kleinen Attraktionen des mit Hingabe eingerichteten RadioMuseums, das sich im Keller von Haus 32 auf dem riesigen Walther-Gelände befindet.

> »Mary had a little lamb, his fleece was white as snow / and everywhere that Mary went, the lamb was sure to go. Ho ho ho ho.«
> (Thomas Alva Edisons Satz beim Aufnahme-Experiment vor breiter Öffentlichkeit am 6. Dezember 1877)

Hinter den zwei langen Fluren mit den 300 abgefahrensten, verrücktesten und seltsamsten Radios sind noch weitere 4.000 Geräte im Archiv verstaut. Außerdem gibt es eine eigene funktionierende Funkstation und eine Werkstatt mit Lötkolben. Hier werden Radios, Tonbandgeräte, Plattenspieler und Fernseher, die mehr als 40 Jahre alt sind, repariert – übrigens von ehrenamtlichen Vereinsmitgliedern, die auch gerne ihr Wissen weitergeben. Kein Wunder also, dass die netten Museumsleute kaum zu bremsen sind, wenn mal eine Gruppe interessierter Kinder vorbeikommt und sie mit Fragen löchert. Also, dann mal los!

Adresse Waltherstraße 49–51, Haus 32, 51069 Köln-Dellbrück, www.radiomuseum-koeln.de // ÖPNV S-Bahn 11, Haltestelle Köln-Dellbrück // Öffnungszeiten Mo–Mi 10–14 Uhr nach Anmeldung und jeden 2. So im Monat 14–18 Uhr, Eintritt 3,50 Euro

TIPP: Ebenfalls auf dem Walther-Gelände befindet sich eine gut ausgestattete Kletterhalle mit Boulderbereich und kleinem Café. Hier können schon Vierjährige einen Schnupperkurs besuchen. (www.kletterhalle-dellbrueck.de)

Akkord-Radio Transola Lux

83_DER RATHENAUPLATZ

Oase mit Wasserquelle für Stadtbewohner

So ein ganz normaler Stadtpark ist das sicher nicht. Eher eine Art Treffpunkt im Veedel – ein Wohlfühlort genauso für die Lauten wie die Leisen, die Kleinen und die Großen, für Einheimische und Fremde gleichermaßen. Denn genauso unauffällig, wie sich der große Pavillon mit seiner Holzfassade in den Rathenauplatz einfügt, so friedvoll wollen auch die Leute hier einfach nebeneinander und miteinander leben.

»Mehr als nur Gastronomie« lautete das Motto, als der Verein »Bürgergemeinschaft Rathenauplatz e. V.« vor rund zehn Jahren den Biergarten als Pächter übernommen und ausgebaut hat. Der bietet von Anfang April bis Ende Oktober etwa 300 Menschen Platz. Und da sich in Sichtweite (!) einer der tollsten Spielplätze der Innenstadt befindet, pilgern vor allem die Kinder aus allen Himmelsrichtungen herbei, um sich unter den hohen Bäumen auszutoben. Während sich im hinteren Bereich Tischtennisplatten und ein »Käfig« für Fuß- und Basketballer befinden, hat man für ganz Kleine einen Sandkasten mit Federwippen abgetrennt. Daneben gibt es richtig tolle Kletterelemente. Die Hauptattraktion aber ist ein Wasser-Spielplatz, wo allerdings nur bei gutem Wetter das Wasser sprudelt.

Apropos Sprudel: Hat der Biergarten mal zu, geht man einfach in eines der schönen Lokale wie das »Café Feynsinn« oder zu den Kiosken in direkter Nachbarschaft. Verhungern und verdursten kann man also nicht in dieser Oase, die sich zwischen Roonstraße, Zülpicher Straße und Dasselstraße befindet. Also mittendrin im Trubel. Und dennoch so idyllisch.

Adresse Pavillon Veedelstreff, Rathenauplatz an der Roonstraße, 50674 Köln-Neustadt-Süd, www.rathenauplatz.de // **ÖPNV** Bahn 9, 12, 15, Haltestelle Zülpicher Platz // **Öffnungszeiten** Biergarten Anfang April – Mitte Okt. bei schönem Wetter täglich 12 – 23 Uhr, Spielplatz immer zugänglich

www.rathenauplatz.de

TIPP: Im Café »Halli Galli«
in der Mozartstraße kann man einen Raum
mit Piratenschiff und Bällebad mieten, um
einen Piraten-Geburtstag zu feiern.
(www.cafe-halligalli.de)

84_DER REIBEKUCHEN-ZAUBERER

Vom Sudermanplatz bis Brück

Kenner schälen die Kartoffeln immer von Hand und nicht mit einer Maschine. Dann werden sie gerieben, mit einigen wenigen Gewürzen wie Pfeffer, Salz und Muskat angereichert und in hochwertigem Rapsöl gebraten. Unzählige Reibekuchen gehen an einem Markttag auch durch die geübten Hände vom »Reibekuchen-Heinz« und seinen fleißigen Mitarbeitern, zumeist mit einer großen Portion Apfelmus auf dem Pappteller serviert.

Schon von Weitem erkennt man den knallroten Stand mit der gemütlichen Sitzecke mitten im bunten Treiben – dienstags auf dem Wochenmarkt am Sudermanplatz, donnerstags in Dellbrück und freitags auf dem Markt in Brück.

Traditionell galt im Rheinland eigentlich der Freitag als »Rievkooche«-Tag, weil manche Menschen gewohnheitsmäßig an diesem Tag auf Fleisch verzichten wollten. Heute stehen die Kunden bei Heinz fast täglich schon lange vor zwölf Uhr Schlange. Wobei besonders die Kinder seine »Minis« lieben, weil sie knusprig, gelb und schön handlich sind. Und auch, weil der gelernte Metzger immer einen flotten Spruch auf den Lippen hat. Seit mehr als 15 Jahren ist Heinz Draschner nun schon sein eigener Chef und als Kartoffelbäcker über die Kölner Grenzen hinaus bekannt.

»Mein Name ist Heinz. Reibekuchen-Heinz«, scherzt er schon mal gerne in Anspielung auf die berühmten James-Bond-Filme. Ganz so abwegig ist das nicht: Dem Geheimagenten Bond kann niemand widerstehen. Den Reibekuchen vom Heinz auch nicht.

Adresse Heinz-Bernd Draschner, Flehbachstraße 36, 51109 Köln-Brück, www.reibekuchen-heinz.de // **Öffnungszeiten** Dienstag Sudermanplatz (Nähe Ebertplatz), Mittwoch und Samstag Bergisch Gladbach (Bergischer Löwe), Donnerstag Dellbrück (Dellbrücker Hauptstraße 100a), Freitag Brück (Marktplatz), jeweils circa 10–14 Uhr

TIPP: Im Café »inSide« in der Kölner Innenstadt kann man nicht nur lecker frühstücken, die sozial eingestellten Betreiber haben auch an einen barrierefreien Zugang gedacht – optimal für alle, die im Rolli, auf Rollschuhen oder mit dem Kinderwagen unterwegs sind. (www.inside-cafe.com)

85_DAS REITERCASINO IM ORANJEHOF

Schnipo Schranke in Ollis guter Stube

Bei Olli sind alle Pferdefans goldrichtig. Auf der Anlage des Oranjehofs, der mit 450 Mitgliedern der größte Pferdesportverein im Kreisverband Köln ist, kann man nämlich in dem gemütlichen Casino nicht nur riesige Schnitzel mit Pommes essen, sondern auch durch eine Glasscheibe das Treiben in der Reithalle verfolgen. Zehn von 60 Pferden, die auf dem Gelände leben, sind hier täglich beim Longieren, Voltigieren, Galoppieren oder Springen im Einsatz. Während die sogenannten »Hausfrauenstunden« am Vormittag stattfinden, ist die Reithalle vor allem an den Nachmittagen gut gebucht. Bei gutem Wetter bevorzugen viele Gäste die Terrasse der Gaststätte – dann mit Sicht auf den Springplatz gegenüber. Auch nicht schlecht!

Allein der Aufgang zu »Olli's Casino« gleicht einem Abenteuerparcours: Ein Kellner aus Pappe weist den Weg die Treppe hoch, oben werden die Gäste von Pferdefiguren aller Art empfangen, und ein Straßenschild gibt Auskunft, wie sich diese hohle Gasse im Volksmund nennt, nämlich »Promillestraße«.

Während sich in dem urigen dunklen Raum mit freiem WLAN-Zugang unter der Woche in erster Linie Teenager aufhalten, die auf ihre Reitstunde warten, kommen zu den Turniertagen an den Wochenenden die Erwachsenen. Kaltblut Cathy, die betagte Stute Leila oder auch Milka, die 2007 geboren wurde, staunen nicht schlecht in ihren angrenzenden Ställen. »Olli's Casino« scheint dann *die* Top-Location in Köln zu sein – teilweise auch für Besucher aus der großen weiten Welt.

Adresse Neusser Landstraße 42, 50769 Köln-Fühlingen, www.oranjehof.de/verein/reitercasino // ÖPNV Bus 122, Haltestelle Seeberg // Öffnungszeiten täglich 12 – 22 Uhr

TIPP: Vom »Oranjehof« aus sieht man den Fühlinger See durch die Bäume schimmern. Ohne Eintritt zu bezahlen, kann man sich auf den Wiesen am Ufer niederlassen und im Sommer nach Lust und Laune im See baden.

86_DIE RHEINFÄHRE

Urlaubsfeeling bei Stromkilometer 705

Viele Wege führen zur Fähre. Ob man mit dem Rad gemütlich am Fluss entlang durch den Kölner Norden anreist, das Auto bevorzugt oder den Bus der Linie 121 nimmt – es fühlt sich garantiert nach Urlaub an, wenn man bei Stromkilometer 705 ankommt. Auf dieser Höhe des Rheins verkehrt bereits seit 1962 die Großfähre »Fritz Middelanis« zwischen Langel und Hitdorf. Sie ist 42 Meter lang und 11 Meter breit und wird von vier 80-PS-Motoren angetrieben. Zu Stoßzeiten können 250 Personen und 21 Autos befördert werden. Und das für relativ kleines Geld!

An all das war natürlich im Jahr 1633, als das Fährrecht zwischen Hitdorf, dem Handelshafen des Bergischen Landes, und der freien Handelsstadt Köln ausgerufen wurde, nicht zu denken. Mit großer Mühe transportierte man damals zunächst mit sogenannten Einbaum-Booten Personen, Tiere und Waren über den 400 Meter breiten Abschnitt des Rheins.

Heute legt die Fähre an 362 Tagen im Jahr nahezu alle 15 Minuten ab. Wer noch eine Weile an Land bleiben möchte, kann sich in dem direkt an der Anlegestelle gelegenen Restaurant »Zur Fähre« ein kühles Getränk genehmigen und die leckere Speisekarte studieren. Für die Kleinen gibt es einen Malbogen und Buntstifte. An manchen Sommertagen brummt der Laden so, dass man kaum einen Platz findet. Kein Problem: Auch die mobilen Eisstände auf dem Parkplatz gegenüber freuen sich über Kundschaft. Und da es hier noch eine richtig tolle Hundewiese gibt, haben quasi alle was vom Urlaubstag am Rheinufer. Ahoi!

Adresse Restaurant »Zur Fähre«, Cohnenhofstraße 132, 50769 Köln-Langel, www.faehre-koeln.de. Die Fährstation befindet sich gegenüber vom Restaurant, www.hgk.de/leistungen/rheinfaehre. // ÖPNV Bus 121, Haltestelle Langel Fähre // Öffnungszeiten Restaurant: Mo–Fr 11.30–22 Uhr, Sa, So und Feiertage 10–22 Uhr

TIPP: Gönnt man sich die Fahrt mit der Fähre ans rechte Rheinufer, sollte man unbedingt in dem kleinen »Kran-Café« ein Stück weiter flussaufwärts vorbeischauen, das allerdings nur bei gutem Wetter geöffnet ist.

87 _ DAS RHEINISCHE INDUSTRIE-BAHN MUSEUM E. V.

Abenteuer auf dem Bahngelände

Eisenbahnfans opjepass! Denn im Norden – am Rande des kleinen Stadtteils Longerich – befindet sich einer der abgefahrensten Orte von ganz Köln.

Und das schon seit mehr als 100 Jahren: 1914 nämlich, als man Köln noch mit C schrieb, wurde von der Königlich Preußischen Staatseisenbahn-Verwaltung das Bahnbetriebswerk Cöln-Nippes gebaut.

Heute steht die gesamte Gleisanlage unter Denkmalschutz und öffnet nur einmal im Monat ihre Türen. Dann aber ist das riesige stillgelegte Bahngelände perfekt dazu geeignet, dort stundenlang herumzustrolchen oder auf einem der letzten erhaltenen Triebwagen aus Stahl der Köln-Bonner Eisenbahnen AG hin- und herzufahren – die Eltern parkt man solange am besten im »Café zur Weichenzunge«.

Seit sich vor 30 Jahren ein paar ehemalige Eisenbahner zusammengetan haben, um in ihrer Freizeit alte Fahrzeuge wie Lokomotiven der Firma Deutz oder eine im Jahr 1914 gebaute Dampflokomotive wiederherzurichten, hat man sich zeitgleich die Mühe gemacht, in einem ausrangierten Waggon eine Modelleisenbahnanlage aufzubauen. Da machen selbst die kleinsten Besucher ganz bestimmt große Augen!

Übrigens kann man so einen Reisezugwagen für eine Feldfahrt auch für Kindergeburtstage oder andere Feiern mieten! Einen cooleren Geburtstag gibt es doch gar nicht, oder?

TIPP: Das kleine Eiscafé »Bossio« liegt ganz in der Nähe vom RIM. Von der Haltestelle Herforder Straße nur ein paar Schritte entfernt, kann man sich mit einem leckeren »Chewing Gum«-Eis auf den Spielplatz begeben oder aber den nahe gelegenen Park unsicher machen.

Adresse Longericher Straße 249, 50739 Köln-Longerich, Eingang in der Unterführung! www.rimkoeln.de // **ÖPNV** Bahn 15, Haltestelle Meerfeldstraße, 15 Minuten Fußweg // **Öffnungszeiten** an ausgewählten Wochenenden; Eintritt: Familienkarte 11 Euro

Besuchertag

Kasse

...preise 2012

Erwachsene: 4,50 €
Kinder (6-14 Jahre): 2,00 €
Kinder (unter 6 Jahren): Frei
Familienkarte (2E+2K): 11,00€

€6   €6

88_DER RHEINSCHIFFFAHRTS-OBERGERICHTSSAAL

Langer Name, kurzer Prozess

Als ein mit 2.400 Tonnen Schwefelsäure beladener Tanker im Januar 2011 im Rhein bei Sankt Goarshausen kenterte, war zunächst nicht klar, wer die Schuld an dem Unfall zu tragen hatte. Der Fall kam letztlich vor Gericht. Und weil viele Fälle, die die Rheinschifffahrt betreffen, in der zweiten Runde beim Rheinschifffahrtsobergericht im Oberlandesgericht in Köln landen, kamen auch diesmal alle Verantwortlichen in Saal 301 – dem sogenannten »Rheinschifffahrtsobergerichtssaal« – zusammen. Unter dem riesigen Anker und einem schweren Steuerrad tagte dann mal wieder das Hohe Gericht – übrigens bestehend aus Richtern, die maritimes Fachwissen benötigen.

Das viergeschossige Justizgebäude am Reichenspergerplatz, um 1911 fertiggestellt, galt seinerzeit als das größte Gerichtsgebäude Deutschlands – mit 34 Sitzungssälen und 400 Geschäftszimmern, einer imposanten Eingangshalle und Fluren von mehr als vier Kilometern Gesamtlänge. Nimmt man an einer der Führungen teil, kann man nicht nur die Bibliothek mit den über 500 Jahre alten juristischen Büchern besichtigen, sondern auch einen Blick in die Gefängniszellen im Keller werfen. Hier warten heute noch Gefangene auf ihre Verhandlung, wenn auch nur für ein paar Stunden. Dass das gut gesicherte Gebäude am »Tag des offenen Denkmals« seine Pforten öffnet, kommt auch der hauseigenen Kita »Minijustiz« zugute: Die nämlich kapert an dem Tag das Schiff, äh, Gebäude und kümmert sich – mit vielen ehrenamtlichen Helfern – um Kaffee, Kuchen und Kunst. Und das alles für den guten Zweck.

> **TIPP:** Ein Röhrenbunker aus dem Zweiten Weltkrieg befindet sich gegenüber dem Oberlandesgericht, geöffnet jeweils am ersten Sonntag im Monat.

Adresse Reichenspergerplatz 1, 50670 Köln-Neustadt-Nord // **ÖPNV** Bahn 16, 18, Bus 140, Haltestelle Reichenspergerplatz // **Öffnungszeiten** Mo–Fr 8–15.30 Uhr, Anfrage für öffentliche Führungen per Mail (wolfgang.meyer@olg-koeln.nrw.de) oder über die Homepage (www.olg-koeln.nrw.de oder www.kunstkulturjustiz.de). Der Rheinschifffahrts-obergerichtssaal kann nur im Rahmen einer Führung besichtigt werden.

89_DIE RHEINSTARS

Körbe für Köln

Zwei Mannschaften, je fünf Spieler. Drei Schiedsrichter und ein Ball. Zum Trommelwirbel schwingen Cheerleader ihre silbernen Pompons, ein Pfiff ertönt – das Spiel kann beginnen. Die Stimmung in der LANXESS arena ist gut: Fast familiär geht es in der riesigen Halle zu, wenn die Kölner RheinStars spielen. Hier fiebern alle mit, denn das Ganze geht schnell und zügig voran: Ein Basketballspiel dauert nur vier mal zehn Minuten. Man muss höllisch aufpassen, dass man nichts verpasst. Und da jeder Korb zwei bis drei Punkte bringt, können schwindelerregende Punktestände erreicht werden.

Erst 2013 gegründet, hat sich der Verein mit mehr als 700 Mitgliedern bereits zum zweitgrößten Basketballverein in Deutschland gemausert. Besonderes Augenmerk liegt auf der Jugendförderung. Neben den regulären Jungen- und Mädchenmannschaften gibt es in den Ferien Basketballcamps für Kinder von acht bis 18 Jahren, die vielleicht nur mal in diese Sportart reinschnuppern wollen.

Highlight für alle aber sind die Bundesligaspiele. Für RheinStars-Maskottchen Jeck beispielsweise, der mit seinem feuerroten Haar ein bisschen an Pumuckl erinnert und durchgehend begeistert in die großen Hände klatscht. Für die Trainer, die angespannt von der Seite aus mitfiebern. Für die Fans, die mit großen Pauken und Trompeten Stimmung machen. Und für die kleinen Nachwuchs-Basketballer, die zu Spielbeginn Hand in Hand mit ihren Stars einlaufen dürfen – ein unvergessliches Erlebnis vor so vielen Zuschauern. Basketball rules!

Adresse Willy-Brandt-Platz 3, 50679 Köln-Deutz // **ÖPNV** Bahn 1, 3, 4, 9, Bus 150, 153, 156, 250, 260, Haltestelle Bahnhof Deutz / Lanxess arena // **Öffnungszeiten** Eintritt Schüler ab 5 Euro. Es gibt außerdem besondere Schnupperangebote für Klassen, Schulen und Vereine sowie einen Familienblock. Anfragen per Mail (tickets@rheinstars-koeln.de). Alle anderen Preise kann man der Webseite entnehmen (www.rheinstars-koeln.de).

TIPP: Wer selbst einmal mit einem Chor in einer großen Arena auftreten will, kann sich immer bis Ende des Jahres unter www.klasse-wir-singen.de bewerben. Manchmal bekommt auch Köln den Zuschlag für den hoch dotierten Schulfonds! Viel Glück!

90_DAS RHEINUFER

Lebendige Geschichte in Stein

An Flüssen hielten sich die Menschen schon immer gerne auf – auch die Kölner lieben das Rheinufer. Egal, ob man sich in der Nähe des Niehler Hafens zum Schiffe-Gucken niederlässt oder den weißen Sandstrand in Rodenkirchen bevorzugt. Schade nur, dass die Rhein-Pilger oft die eigentliche Sensation verpassen, weil sie selten bewusst den Blick nach unten lenken. Dort nämlich spült einem der Fluss die wahren Schätze direkt vor die Füße: Kiesel, Quarze und Muscheln lassen sich da ebenso finden wie erkaltete Lava, die aus der Eifel angeschwemmt wird, wo sich vor fast 13.000 Jahren ein zerstörerischer Vulkanausbruch ereignete.

Kinder sind da übrigens ganz klar im Vorteil: Sie müssen sich nicht so tief bücken, wenn sie plötzlich auch mal auf Halbedelsteine wie Achate oder auf Fossilien, also versteinerte Tiere und Pflanzen, stoßen. Sogar Gold wurde bereits im Rhein gefunden. Aber Vorsicht: Da das Edelmetall 20-mal so schwer wie Wasser ist und nicht gerade in großen Mengen vorkommt, ist die Goldwäscherei sehr mühsam – richtig reich wird man dabei also nicht.

All diese unterschiedlichen Fundstücke können den Menschen viel über die Jahrmillionen alte Geschichte ihrer Region erzählen. Um sie zu verstehen, benötigt man eigentlich nur ein Stein-Bestimmungsbuch, einen Hammer oder eine Lupe und eine gehörige Portion Forschergeist.

TIPP: Unglaublich spannende geologische Exkursionen bietet der Experte Sven von Loga an. Er erklärt dabei anhand von Fundstücken am Rheinufer die Geschichte unserer Region, macht sich mit GPS-Geräten auf die Suche nach Vulkanen und schürft auf Wunsch auch schon mal nach Gold. Buchen kann man die besonderen Touren, auch speziell für Kinder, unter www.uncites.de.

91_DAS RICHMODIS-HAUS

Liebe ist stärker als der Tod

Bei Sagen weiß man ja nie so genau, wie viel Wahres daran ist. Eine rankt sich um den achteckigen Turm des Hauses an der Ecke Richmodstraße / Neumarkt – mitten im Einkaufstrubel also. Schaut man an dem Geschäftshaus hoch, fallen einem ganz oben am Turm zwei riesige weiße Pferdeköpfe auf. Diese erinnern an das Schicksal der Richmodis von Lyskirchen, die hier einmal gewohnt haben soll.

Die schöne Frau war glücklich verheiratet mit dem Bürgermeister Mengis von Aducht, als im Jahr 1357 die tödliche Pest ausbrach. Auch Richmodis blieb nicht verschont und starb. Wegen der großen Ansteckungsgefahr wurde die Leiche recht zügig auf dem nahe gelegenen Friedhof beerdigt. Die zwei Totengräber sollen arme Schlucker und deshalb scharf auf die wertvollen Grabbeigaben gewesen sein. Doch als sie den Sarg nachts wieder öffneten, sahen sie erstaunt, dass die Frau noch lebte. Richmodis in ihrem weißen Totenhemd lief natürlich sofort nach Hause und klopfte an die Tür. Da soll ihr Mann ungläubig gesagt haben: »Eher stecken meine Schimmel den Kopf hier oben aus dem Fenster, als dass Richmodis vor der Tür steht!« Kaum hatte er es ausgesprochen, schauten seine Pferde aus dem oberen Geschoss heraus – und das ist bis heute so geblieben.

Das Richmodis-Haus ist übrigens nicht mehr das Original-Wohnhaus von damals. Das nämlich wurde im Zweiten Weltkrieg komplett zerstört und erst später wieder aufgebaut. Seit 1986 steht es unter Denkmalschutz. Und es erinnert an die große Liebe von Richmodis & Mengis – und das hoffentlich für immer.

TIPP: Im gegenüberliegenden Gebäudekomplex befindet sich das »Käthe Kollwitz Museum Köln«, das neben tollen Ferienprogrammen auch Workshops und offene Ateliers für Kinder anbietet. Ebenso lohnenswert ist die ständige Ausstellung. (www.kollwitz.de)

Adresse Neumarkt 8 – 10/Richmodstraße 2, 50667 Köln–Altstadt–Nord //ÖPNV Bahn 1, 3, 4, 7, 9, 16, 18, Bus 136, 146, Haltestelle Neumarkt

92_RIKSCHA-FAHRT DURCH KÖLN

(D)ein Platz an der Sonne

»Jin-riki-sha« ist kein grüner Tee. Und auch keine Mangafigur. Das japanische Wort heißt übersetzt **»Mannkraftmaschine«** und bezeichnet ein Fahrradtaxi, in unseren Kreisen einfach Riksha genannt. Aus Asien stammend, war sie ursprünglich der Beförderung von Adligen vorbehalten. Inzwischen hat sie sich in den Metropolen dieser Welt zu einem gängigen Transportmittel gemausert. Kein Wunder: So eine Riksha-Tour ist nämlich mehr als das Fahren von A nach B. Ab dem Moment des Einsteigens – und man sitzt erstaunlich erhöht auf der breiten Rückbank – winken einem die Menschen plötzlich freundlich zu, zücken Touristen die Kameras und juchzen Kleinkinder vor Freude. So muss sich der Kaiser von Japan gefühlt haben, wenn er auf einer Riksha durch Tokio ... aber wer weiß das schon.

Die vielleicht angesagteste Riksha-Fahrerin Kölns heißt Anna-Lena Quadt: Sie ist die Herrin über fünf Rikschas, die sie liebevoll mit Stofftieren, Maskottchen und Blumen geschmückt hat. Mit Kermit dem Frosch, Miss Piggy und den Gummienten Hänneschen und Bärbelchen an Bord kann man bei ihr Touren auf den Spuren der beliebten Serie »Köln 50667« unternehmen oder sich einfach mal mit guten Freunden eine Runde zum Schokomuseum gönnen – beispielsweise anlässlich eines Kindergeburtstags. Fest steht: Ein unvergessliches Erlebnis ist es allemal. Versprochen!

Neuerdings kann man die Fahrzeuge übrigens mit einer Riksha-App orten. Dann heißt es einfach nur noch einsteigen!

Adresse Informationen auf der Webseite (www.riksha4u.de) // **Tipp** Wenn man eh in der Innenstadt unterwegs ist, kann man auch der phantastischen »Bärendreck-Apotheke« einen Besuch abstatten. In der Richard-Wagner-Straße 1 gibt es 600 verschiedene Lakritzsorten. (www.baerendreck-apotheke.de)

93_ROLF'S STREICHELZOO

Eselwanderung zum Rhein

Angefangen hat alles mit zwei Papageien. Heute leben mehr als 100 Vögel in der Tierauffangstation in Köln-Zündorf, die Rolf Effenberger vor vielen Jahren gegründet hat. Und seit es sich herumgesprochen hat, dass hier auch andere Tiere aufgenommen werden, die sonst kein Zuhause haben, ist auf dem etwas versteckt gelegenen Gelände hinter einem Gartencenter »Rolf's Streichelzoo« entstanden – täglich geöffnet für alle, die Tiere genauso lieben wie Rolf und sein Team. Das Schöne: Hier kommt man ganz nah an die Gehege der Fellnasen ran, gerne auch ausgestattet mit einer Schachtel Futter, die man am Eingang für einen Euro erwerben kann.

Inzwischen kümmert sich ein Verein darum, dass sich das Projekt weiterhin tragen kann. Denn all die Hasen, Meerschweinchen und Ziegen, die Minischweine Schnitzel und Trüffel, die Ponys Kasimir und Nepomuk und auch Max, das Känguru, haben immer großen Hunger. Ohne die Paten, die sich mit einem geringen finanziellen Beitrag um ein Tier ganz besonders kümmern, würde das Angebot im Futtertrog ganz schön knapp werden. Also, Patenschaft gefällig? Tiere gibt es hier jedenfalls genug.

Außerdem kann man – in Kooperation mit der »Tierzeit Köln« – Eselwanderungen zum Rhein oder ganz spezielle Erlebniszeiten mit einem Lieblingstier buchen. Das Ferienprogramm für Kinder ab sechs Jahren erfreut sich ebenfalls großer Beliebtheit: Wann hat man als Stadtkind schon mal die Gelegenheit, quasi vor der Haustür eine Woche in der Natur zu verbringen?

Adresse Tulpenweg 25–27, 51143 Köln-Zündorf // ÖPNV Bahn 7, Haltestelle Zündorf // Öffnungszeiten variieren je nach Jahreszeit, Infos auf der Webseite (www.streichelzoo-koeln.de). Der Eintritt ist frei, um eine Spende wird gebeten.

TIPP: Die nahe gelegene Zündorfer Groov ist vollkommen zu Recht als Freizeitinsel bekannt: Alte Bäume spenden an dem weiten Sandstrand Schatten, und wer sich sportlich betätigen will, kann dort eine Runde Minigolf einlegen.

94_DER ROSEN-
GARTEN AM FORT X

Ein Ort, um die Seele baumeln zu lassen

Die Rose steht nicht nur für Liebe, sondern auch für Frieden. Es kann also kein Zufall sein, dass man auf dem Dach des alten Fort X einen Rosengarten gepflanzt hat: Die 1825 errichtete Stadtverteidigungsanlage diente nämlich der Abwehr von Feinden. Später hausten darin Menschen, die durch den Krieg ihre Wohnung verloren hatten. An diese schlimmen Zeiten erinnert hier heute kaum noch etwas. Das einst wichtigste von elf Forts im Inneren Gürtel ist jetzt eine perfekte Spiellandschaft für Kinder und ein Ort mitten in der Stadt, an dem Erwachsene die Seele baumeln lassen können.

Um den Rosengarten zu besichtigen, muss man erst einmal ein wenig bergauf – auf das Dach der Anlage – gehen. Oben angelangt, kann man 70 Rosensorten bestaunen, die auf Anregung des ehemaligen Bürgermeisters Konrad Adenauer vor vielen Jahrzehnten gepflanzt wurden und im Sommer in voller Blüte stehen. Unterhalb wurde ein richtig toller Spielplatz inmitten der Festungsmauern angelegt. Vor allem für kleine Kinder stehen Federwippgerät, Rutsche, eine riesige Sandfläche und eine Eisenbahn zum Klettern zur Verfügung. Für mutige Kinder ohne Höhenangst gibt es auf der Wiese um die Ecke eine große Kletterspinne.

Der ganze Park wurde übrigens der Dichterin Hilde Domin gewidmet, die in der Nähe wohnte und ein berühmtes Gedicht über Rosen geschrieben hat. Kann man ja vielleicht auch mal ausprobieren – im Rosengarten Gedichte über Rosen schreiben. Reimt sich immerhin schon mal auf Soße, Hose und Dose.

Adresse Neusser Wall 33, 50670 Köln-Neustadt-Nord // ÖPNV Bahn 16, 18, Bus 127, 140, 184, Haltestelle Reichenspergerplatz, Bahn 12, 15, Haltestelle Lohsestraße (Ausgang Agneskirche) // Öffnungszeiten ganzjährig geöffnet

TIPP: Eine ganz besondere Atmosphäre herrscht im Fort X beim »Singenden Biergarten«, wo man auch schon mal unfreiwillig auf die Bühne geholt wird. Singt man nicht gerne vor anderen, kann man sich notfalls blitzschnell unter einen Holztisch ducken! (www.sommer.koeln/programm)

95_RUHENDER VERKEHR

Ein Auto aus Beton

Kein Bock mehr auf Stau und stinkende Blechlawinen? Kein Problem, dachte sich der Künstler Wolf Vostell und betonierte sein Auto mit dem amtlichen Kennzeichen K-HM 175 bei laufendem Motor und laut dudelndem Autoradio kurzerhand ein.

Das Kunstwerk mit dem Namen »Ruhender Verkehr« gibt es immer noch. Auch wenn inzwischen – rund 30 Jahre später – die Batterie des Opel Kapitän (genaue Modellbezeichnung: P 2,6 – Baujahr 1960) längst den Geist aufgegeben hat. Das einbetonierte Auto steht mitten auf dem viel befahrenen Hohenzollernring und fällt zwischen den Autoschlangen, die sich dort täglich im Schritttempo entlangquälen, kaum auf. Dabei hat das Beton-Gefährt sogar schon Moos angesetzt.

Übrigens hatte der bereits verstorbene Künstler Wolf Vostell noch so manch andere verrückte Idee, um die Menschen zum Nachdenken anzuregen: Er hat beispielsweise Salatköpfe in einem Zug versteckt, der von Köln nach Aachen fuhr. Nach einem Jahr als blinde Passagiere waren sie ganz verschrumpelt – lecker! Beim nächsten Stadtspaziergang kann man ja mal sein außergewöhnliches Hobby, Schlagzeilen und Worte auf zerrissenen Plakaten laut vorzulesen, ausprobieren. So laut, dass sich eine staunende Menschentraube bildet – Straßentheater vom Feinsten.

Die Sache mit dem einbetonierten Auto sollte man jedoch nicht unbedingt nachahmen. Man stelle sich vor, man müsste dafür Parkgebühren bezahlen. Dann wär man schnell arm …

TIPP: In der Nähe befindet sich der tolle mehrstöckige »Party Discount«. Hier gibt es nicht nur Karnevalskostüme, Scherzartikel und Luftballons, sondern auch alles für Geburtstagsfeiern und Mottofeste. Adresse: Hohenstaufenring 66–70, 50674 Köln; Öffnungszeiten: Mo–Fr 10–19 Uhr, Sa 10–18 Uhr.

Adresse Hohenzollernring,
50672 Köln-Neustadt-Nord
ÖPNV Bahn 1, 7, 12, 15, Haltestelle Rudolfplatz

96_DAS SAN REMO

Pizza vom Patron

Gegessen wird hier in drei Etappen. Macht die Kult-Pizzeria um 18 Uhr auf, stehen bereits die Familien mit Kindern vor der Tür. Sind die weg, kommen die Paare und Grüppchen, die einen Tisch für 20 Uhr bestellt haben. Und gegen 22 Uhr tauchen plötzlich noch ein paar Nachtschwärmer auf, um ihren Hunger zu stillen. Über allem thront der Patron Michelangelo. Obwohl sein Sohn Pino schon vor einiger Zeit die Nachfolge angetreten hat, sitzt er immer noch auf seinem Stammplatz neben der Theke und bewacht das Lokal.

Die aus Avellino in Italien stammende Familie übernahm 1975 eine Eisdiele am Eigelstein, bevor sie später in der Weidengasse die Pizzeria eröffnete. Und was für eine: Eine geschwungene Wendeltreppe führt nach oben, wo man ganz für sich sein kann. Trubeliger geht's unten, im großen Gastraum, zu: Dort hängen noch die Girlanden der letzten Feierlichkeit und erinnern Fotos berühmter Persönlichkeiten und allerlei Kitsch an vergangene Zeiten. Man kommt sich vor wie in einem Museum der 50er Jahre, nur ist es viel gemütlicher. Man möchte Platz nehmen, am liebsten mit der ganzen Familie, und sich durch die Karte essen: Bruschetta, Pizza Parma / Rucola oder doch lieber Pasta?

Dass hier nur italienische Musik gespielt wird, versteht sich von selbst. Adriano Celentano, Rocco Granata und Eros Ramazzotti – der eine oder andere dieser Stars hat hier übrigens auch schon gesessen und geschlemmt. Wer? Um das herauszufinden, muss man nur die leicht verblichenen Fotos an den Wänden inspizieren …

TIPP: Nicht nur wenn im November das Kölner Kinderfilmfest »CINEPÄNZ« stattfindet, ist ein Besuch im Metropolis-Kino am Ebertplatz Pflicht. Viele Filme werden im Original mit Untertiteln gezeigt. Und für Kinder ist immer etwas dabei!

Adresse Weidengasse 76, 50668 Köln-Neustadt-Nord, https://sanremo.jimdo.com **// ÖPNV** Bahn 12, 15, S-Bahn 6, 11, 12, 13, 19, Bus 127, RB 25, Haltestelle Hansaring **// Öffnungszeiten** täglich außer Mi 18–23 Uhr

97 _ DER SCHLOSSPARK STAMMHEIM

Kunst unter Kastanien

Ein Schloss sucht man hier vergebens. Aber auch ohne das herrschaftliche Gebäude, das 1944 durch einen Fliegerangriff zerstört wurde, geht es auf dem 80.000 Quadratmeter großen Gelände im rechtsrheinischen Stadtteil Stammheim recht lebendig zu. Egal, bei welchem Wetter wandeln hier Spaziergänger, Kunstliebhaber, Hundebesitzer und (Hobby-)Fotografen unter den riesigen Bäumen von Station zu Station, denn der Schlosspark präsentiert sich ganzjährig voller kurioser Kunst – kostenfrei.

Großer Betrieb herrscht immer am Pfingstsonntag, wenn eine neue Ausstellung eröffnet wird, für die sich Künstler aus ganz Deutschland bewerben. Es ist eben eine ganz besondere Ehre, die 1830 angelegte Parkanlage mit einer Skulptur bereichern zu dürfen. Die – teils echt verrückten – Kunstwerke hängen in Bäumen, liegen auf dem Rasen oder fügen sich so geschickt in die Natur ein, dass man sie zunächst suchen muss.

Bereits der reiche Freiherr Franz Egon von Fürstenberg, der Anfang des letzten Jahrhunderts mit seiner Familie im Schloss Stammheim lebte, hatte damals viele Kunst- und Kulturprojekte mit seinem Geld unterstützt. Der kinderreiche Mäzen hätte sicher seine Freude daran, wie die Kölner heute in seinem Garten auf Entdeckungstour gehen. Und siehe da, spaziert man ein Stück an der Rheinuferpromenade entlang, hat man sogar einen ganz speziellen Blick auf den Dom! Und da soll noch mal einer sagen, die »Schäl Sick« wäre die schlechtere Rheinseite …

Adresse Stammheimer Hauptstraße 67, 51061 Köln-Stammheim, www.schlosspark-stammheim.koeln // **ÖPNV** S-Bahn 6, Haltestelle Stammheim // **Anfahrt** per Fahrrad den Radweg am Rhein entlang Richtung Leverkusen // **Öffnungszeiten** frei zugänglich

TIPP: Seltene Apfelbaumsorten, eine Imkerei sowie Gemüse- und Kräuterbeete findet man in der Naturstation nördlich des Schlossparks, die vom Naturschutzverband »BUND Köln« und engagierten Kölnern wiederbelebt wurde.

98_DER SCHNULLERBAUM

Kurzweil im Rheinpark

Zwerge, die endlich ihren Schnuller loswerden möchten, tragen ihn heutzutage feierlich in den Rheinpark und hängen ihn dort an einen Baum. Doch, richtig gehört: Auf dem riesigen Gelände am Rheinufer wurde am »Tag der Familie« im Jahr 2007 eigens zu diesem Zweck ein Maulbeerbaum gepflanzt, um Kindern den Abschied von ihrem Schnuller zu erleichtern. Leider wurde der voll behangene Baum durch einen Sturm im Sommer 2017 entwurzelt. Doch keine Sorge: Ein neuer wurde bereits gepflanzt. Und der ist noch viel schöner als der alte.

Die perfekte Route zum Rheinpark beginnt eigentlich am Zoo. Dort besteigt man die Rheinseilbahn, um erst einmal über den Fluss zu gelangen. An der Endstation fährt von März bis Oktober eine etwas altertümliche Kleinbahn ab, die bereits seit 1957 gemächlich ihre Kreise durch den Park zieht. Damals nämlich fand auf dem riesigen Gelände am Rheinufer die Bundesgartenschau statt, die bis heute ihre Spuren hinterlassen hat. Der Tanzbrunnen beispielsweise, ein Veranstaltungsort für Konzerte, rührt aus dieser Zeit und auch die ein oder andere Skulptur im Park. Steigt man dann an der Station »Rosengarten« aus, wird man mit einem Blick auf bunte Blumenbeete und beeindruckende Wasserfälle belohnt. Die Brunnenanlage wird bei heißen Temperaturen auch gerne mal zum Planschen genutzt, der Abenteuerspielplatz bietet bei jedem Wetter Abwechslung.

So viele Vergnügungen haben natürlich einen prima Nebeneffekt: Über den Verlust des Schnullers sind die Kleinen ganz schnell hinweg.

Adresse Rheinparkweg, 50679 Köln-Deutz // **ÖPNV** Bahn 1, 9, Haltestelle Bf Deutz / Messe, Bahn 3, 4, Haltestelle Deutz / Lanxess arena, Bus 150, Haltestelle Im Rheinpark, Bus 250, 260, Haltestelle Thermalbad, S-Bahn 6, 11, 12, 13, Haltestelle Köln-Deutz // **Anfahrt** per Fahrrad über den idyllischen Rheinuferweg // **Öffnungszeiten** ganzjährig zugänglich

TIPP: Am nördlichen Ende des Rheinparks befindet sich der Jugendpark mit diversen Freizeitangeboten. Im Kölner Hochseilgarten beispielsweise kann man bis zu 13 Stationen in fünf oder zehn Metern Höhe klettern – Voraussetzung für Kletterer ist allerdings eine Mindestgröße von 140 Zentimetern. (www.koelner-jugendpark.eu)

99_DIE SKATE PLAZA KAP686

Asphaltsurfer willkommen!

How to Ollie? Eigentlich kennen alle Skater den Trick, wie man das Bord mit dem hinteren Fuß anstupsen muss, um es vom Boden zu lösen. Tatsächlich sieht das bei Profis so aus, als würden sie auf dem Skateboard durch die Luft fliegen. Und das tun sie ja auch, wenn auch nur ganz kurz: »Ollie Pop« heißt das Kunststück. Um das zu üben, braucht man nicht nur Geduld, sondern auch viel Platz.

Den gibt es jetzt am Rheinauhafen. Bei Stromkilometer 686 ist eigens für die Streetskater eine Fläche von 2.000 Quadratmetern aus großformatigen Bodenplatten angelegt worden. Seitdem hat sich die Skate Plaza Kap686 – neben der »Lohserampe« und dem »Skatepark North Brigade« im Norden der Stadt – zu einem Hotspot entwickelt. Das war auch höchste Zeit: Laut Straßenverkehrsordnung dürfen sich Skater nämlich nicht auf Straßen und öffentlichen Plätzen austoben. So galten die »Asphaltsurfer« auf dem – eigentlich bestens für die kleinen Rollen geeigneten – Platz vor der Philharmonie oder auf der Domplatte lange als öffentliches Ärgernis. Das ist vorbei.

Zwischen Cafés, Restaurants und mit Blick auf die Südbrücke können jetzt endlich alle nebeneinander ungestört üben: die Fortgeschrittenen auf den Curbs, also den künstlich angelegten Kanten, oder den Beer Banks, die Anfänger mit ihren mühevollen Fahr- und Fallversuchen auf ebener Fläche. Die Anlage kostet keinen Eintritt und ist dank Beleuchtung auch in den Abendstunden nutzbar.

Geklärt, warum sich Skater in Köln immer mehr zu Hause fühlen? Klar: *Home ist where your board is.* Darauf einen Ollie!

TIPP: Am Ubierring 19 bietet der Shop »Tante Skäte« jede Menge Streetwear, Longboards und Cruiser an, natürlich mit fachkundiger Beratung. Klein, aber fein!

Adresse Skate Plaza Kap686, Rheinauhafen, 50678 Köln-Altstadt-Süd, Höhe Südbrücke; Skatepark North Brigade, Scheibenstraße 13a, 50737 Köln-Weidenpesch; Lohserampe, Neusser Straße 153, 50733 Köln-Nippes **// ÖPNV** Bahn 15, 16, Haltestelle Ubierring (Skate Plaza Kap686), Eintritt frei; Bahn 12, 15, Haltestelle Scheibenstraße (Skatepark North Brigade), für Jugendliche ab 12 Jahren, Eintritt 5 Euro (Zuschauer gratis); Bahn 12, 15, Haltestelle Lohsestraße (Lohserampe)

100_DAS STRASSEN-BAHNMUSEUM THIELENBRUCH

Die schönste Haltestelle der Stadt

Gemütlich rattert die Linie 18 in den großen überdachten Bahnhof. ==Endhaltestelle.== Alle aussteigen. Die offizielle KVB-Haltestelle Thielenbruch ist quasi der Vorhof zum Straßenbahnmuseum, das im Jahr 1997 seine Pforten öffnete und wo man mit liebevoller Sorgfalt die Geschichte des öffentlichen Nahverkehrs in Köln von 1877 bis heute anschaulich macht.

Neben kurzen Filmen, Schautafeln und Ausstellungsstücken, für deren Betrachtung man sich gerne Zeit nehmen darf, erwarten die Besucher in dem ehemaligen Wagendepot des Betriebshofs Thielenbruch mehr als ==20 restaurierte Bahnen.== Darunter die sogenannte ==»Päädsbahn«== – eine Pferdewagenbahn von 1894, die die Menschen Ende des 19. Jahrhunderts mit Pferdekraft mehr als 30 Jahre lang von A nach B brachte, bis sie von der elektrischen Straßenbahn abgelöst wurde.

Herzstück der Ausstellung ist das über 100 Jahre alte ==»Finchen«.== Ehemals als Köln-Frechen-Benzelrather Eisenbahn im Einsatz, wird sie heute nur noch selten für Sonderfahrten auf die Schienen gelassen – deswegen sind beispielsweise ihre Nikolausfahrten für Familien etwas ganz Besonderes. Die Annahme allerdings, der Anfangsbuchstabe F – aus dem die Leute dann einfach »Finchen« machten – sei auf die damalige Endhaltestelle Frechen zurückzuführen, ist wohl nicht richtig: Es handelte sich nur um die sechste Kölner Vorortbahn, die nach den Linien A, B, C, D und E mit F beschriftet wurde. Eigentlich logisch, oder?

Adresse Otto-Kayser-Straße 2c, 51069 Köln-Dellbrück, www.hsk-koeln.de // **ÖPNV** Bahn 3, 18, Haltestelle Thielenbruch // **Öffnungszeiten** März – Dez. jeweils am 2. So im Monat 11 – 17 Uhr

TIPP: Direkt vor den Toren des Straßenbahnmuseums lädt das Restaurant »Aubele im Nussbaum« mit seinem riesigen Biergarten täglich außer montags zu einem Besuch ein.

101_TIMERIDE

Spannende Zeitreise mit der Zauberbrille

Am 15. Oktober 1901 fuhr die erste »Elektrische« auf der Uferstrecke zwischen Dom und Zoo. Nur wenige Jahre später musste der letzte Pferdebahnbetrieb schließen, weil man mit den elektrischen Straßenbahnen einfach bequemer von einem Ort zum anderen reiste – ein neues Zeitalter begann nun auch in Köln. Im Zeitreise-Museum am Alter Markt bekommt man gleich zu Beginn anhand historischer 3-D-Fotografien und des Stadtplans von 1909 einen guten Eindruck davon. Im sogenannten Lichtspielsaal zeigt ein 15-minütiger Film die Kölner Stadtgeschichte vom Zeitalter der Römer bis zur Neuzeit im Schnelldurchlauf. Als Nächstes nimmt man in einer detailverliebten Nachbildung einer elektrischen Bahn Platz – die virtuelle Zeitreise kann beginnen!

Dank einer speziellen Brille – einer »Oculus Rift« – befindet man sich plötzlich im Köln des Jahres 1910 – als Fahrgast der »Elektrischen«. Man fährt an Häusern und Kolonialwarenläden längst vergangener Zeiten vorbei, kann beispielsweise dem Bau der Hohenzollernbrücke beiwohnen oder staunen, wie am Himmel ein Zeppelin seine Bahnen zieht. Dreht man sich um, sitzen dort Fahrgäste in langen Kleidern und mit großen, altmodischen Hüten! Waren die eben auch schon da? Und ist da nicht gerade ein kalter Fahrtwind spürbar gewesen? Spooky! Nach 15 Minuten Fahrt ist die Zeitreise plötzlich vorbei. Etwas unsanft landet man wieder im Hier und Jetzt. Unglaublich faszinierend, dass man heutzutage offenbar auf eine Reise gehen kann, ohne sich vom Fleck zu bewegen.

Wie es wohl wäre, wenn man selbst im Goldenen Zeitalter geboren wäre?

Adresse Alter Markt 36–42, 50667 Köln-Altstadt-Nord, www.timeride.de // **ÖPNV** Bahn 1, 5, 7, 9, Haltestelle Heumarkt, Bahn 5, Haltestelle Rathaus // **Öffnungszeiten** täglich 10–20 Uhr; Eintritt: Erwachsene 12,50 Euro, Kinder und Jugendliche 10 Euro, Familien 30 Euro (3 Personen); nicht für Kinder unter 6 Jahren geeignet

TIPP: Noch weiter in die Zeit zurückgehen kann man bei einer Besichtigung des Prätoriums, Sitz des einstigen römischen Statthalters, das sich in der Kleinen Budengasse befindet – geöffnet dienstags bis sonntags von 10 bis 17 Uhr.

102_DIE »VFL KÖLN 1899«- TRIBÜNE

Das morsche Wunder von Köln

»Tooooooooor!« Der Jubel ist verklungen und das letzte Tor längst geschossen. Das Dach ist morsch, die kleinen Seitenfenster sind zerstört und die schmutzigen Sitzbänke leider kaputt. Deutschlands älteste erhaltene Stadiontribüne fristet am Rande der Kölner Pferderennbahn in Weidenpesch seit Jahren ein eher unscheinbares Dasein. Was für ein Drama!

Denn einst war die Tribüne – gebaut im Jahr 1906 von dem Architekten Otto March – der ganze Stolz von Fußball-Deutschland und Herzstück des damals sehr erfolgreichen Vereins VfL Köln 1899, der heute in der Kreisliga B trainiert. Während andere Clubs damals lediglich einer Handvoll Zuschauer Schutz vor Regen bieten konnten, hatte die Kölner Tribüne mit rund 70 Metern Länge und dem 1920 erbauten Dach zu Glanzzeiten für mehr als 1.300 Menschen Platz. Viele Jahrzehnte fanden hier grandiose Fußballspiele statt: Unvergessen das Spiel, bei dem Union Berlin am 21. Mai 1905 hier gegen den Karlsruher FV mit 2:0 siegte. Oder wie am 1. Mai 1906 erstmals die »Internationalen Karfreitagsspiele« stattfanden – bis in die 1930er Jahre sollten sie eine Attraktion bleiben. Bis 2002 wurde der Fußballplatz noch sporadisch genutzt, dann war Schluss.

Im Jahr 2002 flammte nochmals Interesse an der alten Tribüne auf: Für den Spielfilm »Das Wunder von Bern« drehte der Regisseur Sönke Wortmann hier die Szenen, in denen ein Sportreporter das Endspiel der Fußballweltmeisterschaft 1954 im Berner Wankdorf-Stadion kommentiert. Und plötzlich schallte es noch einmal wie früher über den ganzen Platz: »Tooooooooor!«

Adresse Galopprennbahn Weidenpesch, auf Höhe des »Tennisclub KTC Weidenpescher Park von 1920 e. V.«, Rennbahnstraße 56, 50737 Köln-Weidenpesch // ÖPNV Bahn 12, 15, Haltestelle Scheibenstraße, oder Haltestelle Neusser Straße / Gürtel

TIPP: Wer packenden Pferderennsport und gemütliche Biergartenatmosphäre mag, kommt von April bis Oktober auf der Anlage der Galopprennbahn in Weidenpesch auf seine Kosten. (www.koeln-galopp.de)

103_DAS WALDBAD DÜNNWALD

Rundum-Wohlfühl-Programm

Warum in die Ferne schweifen, wenn das Gute liegt so nah? Das Waldbad in Dünnwald galt schon im Jahr 1923 als »angenehmer Aufenthalt für Sommerfrischler«.

Die Idee zu einem Freibad, das vom Wasser des kleinen Mutzbachs gespeist wird, ist tatsächlich schon 100 Jahre alt. Damals haben sich einige Dünnwalder Vereine unter dem Namen »Freies Ortskartell« zusammengeschlossen, um diese Idee in die Tat umzusetzen. Auch heute noch kümmern sie sich um das Gelände, zu dem ein Minigolfplatz und ein Campingplatz gehören. Neben dem Becken mit einem Schwimmer- und einem Nichtschwimmerbereich gibt es ein Planschbecken, eine tolle Wasserrutsche und einen Beachvolleyballplatz. Außerdem werden Aquafitnesskurse angeboten.

Besonderes Highlight sind die Konzerte und Kulturveranstaltungen – einzigartig für ein eigentlich ganz normales Schwimmbad: Für die Großen spielen hier auf einer Bühne abends schon mal Kultbands wie Köbes Underground oder die Brings auf. Und für die Kleinen gibt es an manchen Wochenenden Kindercamping im Schwimmbad und regelmäßig die Möglichkeit, ins Tauchen reinzuschnuppern.

Seit das Restaurant »Wildwechsel« vor den Toren des Schwimmbads eröffnet hat, hört man, kommen viele Badegäste noch häufiger als früher und bleiben länger als geplant. Kein Wunder, denn die Speisekarte bietet alles vom Sonntagsbrunch über leckere Pommes bis zum Wildbraten aus der Region. So frisch gestärkt fällt einem das Tauchen und Paddeln, Schwimmen und Sonnen dann doppelt so leicht. Versprochen!

Adresse Peter-Baum-Weg 20, 51069 Köln-Dünnwald,
www.waldbad-camping.de // ÖPNV Bus 154, Haltestelle Dünnwald Waldbad //
Öffnungszeiten in der Saison täglich 9–20 Uhr (letzter Einlass 19 Uhr);
bei schlechtem Wetter schließt das Freibad um 15 Uhr

TIPP: Neben dem Restaurant »Wildwechsel« gibt es eine 15 Meter lange und neun Meter breite Boule-Anlage mit vier Bahnen. Wer dort eine ruhige Kugel schieben möchte, meldet sich vorab im Restaurant an.

104_DIE WASCHSTRASSE

Premiumpflege und volle Dröhnung

Vieles, was Erwachsene so im Alltag machen, ist ja für Kinder eher langweilig. Bad putzen beispielsweise oder Rasen mähen, im Büro herumsitzen oder auch Straße kehren. Gemeinsam viel Spaß haben kann man jedoch an einem Ort, den es in Köln an jeder Ecke gibt: in der Autowaschstraße. Einzige Voraussetzung ist ein (relativ schmutziges) Auto. Notfalls kann man sich das aber auch ausleihen. Und die einzige Entscheidung, die man vorher treffen muss: Normal- oder Premiumpflege?

Während man selbst also schön faul mit der ganzen Family im Auto Platz nimmt, reibt schon mal ein Mann das ganze Auto mit Seife ein. Dann wird das Gefährt auf zwei Schienen eine Station weiter transportiert, durchläuft einen Tunnel, wo es komplett mit Wasser abgespritzt wird. Rote und blaue Lampen sorgen für die nötige Lightshow. Zum Schluss wird das Gefährt noch trocken gepustet – mit einem riesigen Föhn. Das Ganze ist günstiger als ein Kinoeintritt, und alle haben etwas davon. Nicht zuletzt das Auto, das jetzt wieder blitzt und blinkt, als wäre es neu. Manchmal auch von innen ....

Die erste vollautomatische Autowaschanlage wurde übrigens Anfang der 60er Jahre eröffnet. Trotzdem hat sich das nützliche Freizeitvergnügen zum Glück noch nicht bei allen Familien herumgesprochen. Man kommt immer recht zügig und ohne Wartezeit zum Zuge …

Adresse Auswahl von Autowaschanlagen: Mister Wash Auto-Service, Melatengürtel 59, 50825 Köln-Ehrenfeld; Platinum Carwash, Pauline-Christmann-Straße 3a, 51107 Köln-Rath/Heumar; Imo Autopflege, Otto-Hahn-Straße 6, 50997 Köln-Godorf // Öffnungszeiten Mister Wash Auto-Service: Mo–Sa, im Sommer 8–18 Uhr, im Winter 9–18 Uhr, So geschlossen; Platinum Carwash: täglich 8–19 Uhr; Imo Autopflege: Mo–Sa 8–20 Uhr

TIPP: Übrigens gibt es für iPhones und iPads eine günstige App, mit der man in die Rolle eines Waschanlagen-Besitzers schlüpfen kann. »Meine kleine Waschstraße« wird für Spieler von drei bis sechs Jahren empfohlen.

105_DER WASSERMANNPARK

Entdeckerzone für Abenteurer

Im Kölner Westen erzählt man sich, dass es im Wassermannsee einen – eher ungewöhnlichen – Schatz geben soll. Angeblich warten dort unten an der tiefsten Stelle nämlich seit mehr als 100 Jahren riesige Gerätschaften zum Kiesabbau auf ihre Bergung. Ob das wirklich stimmt, lässt sich schlecht herausfinden, denn Schwimmen und Tauchen ist dort streng verboten. Überhaupt ist es gar nicht so einfach, einen Zugang zu dem mit Hochstauden zugewachsenen Ufer des Sees zu finden, der sich in Privatbesitz befindet, jedoch für die Öffentlichkeit zugänglich ist.

Bereits in den 1920er Jahren hat der Bauunternehmer Friedrich Wassermann begonnen, hier große Mengen Kies abzubauen – Steine also, die vor vielen Millionen Jahren durch einen Nebenarm des Rheins hierhertransportiert worden waren. Als es später immer weniger dieser besonderen Kiesel gab, wuchs der See zu, und auf dem riesigen Gebiet wurden viele Tierarten und Pflanzen heimisch. Erst vor wenigen Jahren hat Wassermanns Urenkel damit begonnen, die hügelige Landschaft mit See behutsam zu einer Chill-Area umzugestalten. Neben dem Gewerbepark »Triotop« mit vielen Büros findet man deshalb immer mehr Kunstobjekte in der Landschaft, zwischen den flachen Stegen aus Holz laden gemütliche Liegestühle zum Verweilen ein, und neuerdings gibt es auch Streuobstwiesen auf dem Gelände.

Adresse Am Wassermann 5, 50829 Köln-Vogelsang, www.triotop-koeln.de/wassermannpark.html // ÖPNV S-Bahn 13, Haltestelle Müngersdorf/Technologiepark, Bus 141, Haltestelle Vogelsanger Markt (nördlich des Parks) oder Vitalisstraße (südlich)

TIPP: Mitten im Triotop-Gewerbegebiet »Am Wassermann« befindet sich der »Kölner Spielecircus«, der in barrierefreien Räumen eine breite Palette an Kursen und Workshops anbietet.

106_DIE WASSERSPORT-FREUNDE NEPTUN E.V.

Kipp, kipp, hurra!

Wer hätte gedacht, dass es beim Paddeln vor allem auf den richtigen Hüftschwung ankommt? Für eine Eskimorolle ist der jedenfalls das A und O! Um das gekenterte Kajak mit eigener Körperkraft wieder in die richtige Stellung zu bringen, heißt es dann: »Kipp, kipp, hurra!« Und schon sieht man wieder Land!

Kinder und Erwachsene üben beim Vereinstraining der »Wassersportfreunde Neptun« immer wieder den sicheren Umgang mit den Booten. Abwechselnd trifft man sich dazu im Winter im Schwimmbad und im Sommer am Fühlinger See oder am Rhein, der direkt am Vereinsheim entlangfließt. Im dazugehörigen Bootshaus werden sowohl Privatboote als auch vereinseigene Rodeo– und Wanderkajaks, Kanadier für zwei bis vier Paddler sowie einige Wildwasserrennsportboote gelagert – zwei Großkanadier für bis zu zehn Personen sind ebenfalls vorhanden.

Da Neptun der Schutzpatron sowohl für fließendes Gewässer als auch für das Meer ist, passt diese römische Gottheit perfekt als Namensgeber des Vereins: Unter den mehr als 100 Mitgliedern gibt es solche, die ruhigeres Fahrwasser bevorzugen. Und diejenigen, die mit dem Sport eher Action, Fun und Abenteuer verbinden und sich auch schon mal auf den Weg zu reißenden Bächen in weit entlegenen Alpenregionen machen – egal, ob es regnet oder die Sonne scheint. Für Paddler gibt es nämlich kein schlechtes Wetter, nur schlechte Kleidung.

TIPP: An Fronleichnam findet alljährlich die »Mülheimer Gottestracht« statt: Mit der beeindruckenden Prozession erinnert man sich gerne an die Zeiten zurück, als Mülheim noch ein kleines Rheinschiffer-Dörfchen gewesen ist.

Adresse Stammheimer Ufer (in Höhe Rheinkilometer 693), 51063 Köln-Mülheim, www.wsf-neptun-koeln.de/index.html **// ÖPNV** Bahn 4, Haltestelle Keupstraße, dann 15 Minuten Fußweg **// Anfahrt** zur Straße Raumannskaul, von dort zu Fuß zum Rheinufer, dem Fußgängerweg Stammheimer Ufer 100 Meter rheinabwärts folgen

107 _ DIE WEIHNACHTS-STRASSE

Lichterglanz in Sülz

Wenn die Tage kürzer werden und einem der Wind kälter um die Nase weht, verwandelt sich Köln alljährlich in eine Stadt voller Weihnachtsmärkte. Mehr als 70 davon soll es im Advent in der Stadt geben, weshalb für jeden etwas dabei sein dürfte: vom »Schwimmenden Weihnachtsmarkt« auf der »MS Wappen von Köln« über den »Markt der Engel« am Neumarkt bis hin zum immer beliebteren »Holy Shit Shopping«, bei dem mehr als 150 Künstler ihr Handwerk verkaufen. Nicht zu vergessen der schöne Markt am Stadtgarten, der weltweit berühmte Weihnachtsmarkt am Dom, die alternative »Christmas Avenue« in der Schaafenstraße oder auch die kleinen Märkte in den Veedeln, die zumeist nur an einem Wochenende im Advent stattfinden.

Wer nicht so auf Menschenmassen und Konsum steht und sich trotzdem weihnachtlich einstimmen möchte, ist in der Hummelsbergstraße in Sülz besser aufgehoben.

Tagelang sind deren Anwohner damit beschäftigt, ihre Häuser und Gärten in ein Lichtermeer zu verwandeln. Jeder Strauch und noch so hohe Baum wird mit einer Lichterkette versorgt, sodass am Ende 25.000 kleine Lichter dafür sorgen, dass sich die sonst eher unscheinbare Sackgasse in eine hochherrschaftliche Weihnachtsstraße verwandelt.

Aber damit nicht genug: Sonntags öffnen die Menschen ihre Türen und bieten Köstlichkeiten, Glühwein und vor allem nachbarschaftliche Wärme an. Das, was man andernorts vielleicht manchmal vermisst. Darauf einen Zimtstern. Und der ist garantiert selbst gebacken – das Christkind wäre begeistert!

Adresse Hummelsbergstraße, 50939 Köln-Sülz // **ÖPNV** Bahn 18, Haltestelle Arnulfstraße // **Öffnungszeiten** ab Ende Nov. bis Weihnachten, Eintritt frei

TIPP: Der Pilzberg am Beethovenpark ist einer von elf Trümmerbergen in Köln und bestens geeignet für eine kleine Schlittenpartie – natürlich vorausgesetzt, es liegt Schnee.

108_DIE WINDHUND-RENNBAHN

Pokale für die Schönsten und Schnellsten

Bjella läuft – die Beute immer im Blick. Dass es sich dabei um eine Attrappe handelt, die nur nach Hase riecht, ist der Barsoihündin nicht so wichtig. Bis zu 90 Stundenkilometer schnell können Windhunde rennen – der schnellste Hund wird am Ende zum Rennsieger gekürt. Schafft Bjella das, bekommt sie neben einer Medaille auch Leckerlis ohne Ende, das spornt sie an. (W)UFF!

Normalerweise trainiert auf der Kölner Windhundrennbahn jeden Sonntag der »Köln-Solinger Windhund-Sportverein 1921/1925 e. V.«, wozu auch Zaungäste herzlich willkommen sind. An den Wochenenden kann man dort neben den Rennen für Windhunde auch zweimal im Jahr Jeder-Hund-Rennen für alle Hunderassen besuchen – ein ganz besonderes Erlebnis!

Dafür, dass dann so viele Menschen und Tiere – darunter langhaarige Afghanen, hochgewachsene Barsois und sensible Salukis – auf engstem Raum zusammenkommen, geht es an diesen Tagen unglaublich ruhig und friedlich zu. Vom Vereinslokal aus hat man gute Sicht auf die Rennbahn. Aber auch ein Bummel entlang der Stände lohnt sich: Neben Kaffee und Kuchen wird hier allerlei Nützliches rund ums Tier angeboten – Futternäpfe etwa oder auch schön verzierte Leinen. Fast ist man versucht, sich ein Mitbringsel zu kaufen, auch wenn man gar keinen eigenen Hund besitzt. Aber was nicht ist, kann ja noch werden: Hier auf der Windhundrennbahn, so ahnt man, sind schon viele auf den Hund gekommen!

> **TIPP:** Ganz in der Nähe befindet sich der Decksteiner Weiher. Dort kann man sich auf dem Minigolfplatz vergnügen oder auch mit einem Boot über den See rudern. Idyllisch!

Adresse In der Beller Maar, 50937 Köln-Lindenthal, www.ksw-sportverein.de // **ÖPNV** Bahn 7, Haltestelle Stüttgerhof (plus Fußweg)

109_DIE WISSENSCHAFTS-SCHEUNE

Pflanzenforscher und Erbsenzähler aufgepasst!

Einen Farbmalkasten aus Blüten und Gemüse herstellen – wie soll das denn gehen? Sieht man sich in dem großen bunten Garten gegenüber der WissenschaftsScheune (WiS) des Max-Planck-Instituts um, kann man sich das plötzlich ganz gut vorstellen. Gemeinsam mit Fachpesonal können Kinder und Jugendliche hier Mangold, Amaranth, Färberkamille und Rotkohl sammeln, um daraus später mit Mörser, Sand und Wasser die Farben Grün, Pink, Gelb und Lila zu mischen. Richtig toll, was man mit der Natur so alles machen kann.

Mehr als 100 Pflanzen stehen den jungen Naturforscher in dem stattlichen Schaugarten zur Verfügung. Um mehr über sie zu erfahren, können die Kinder die Pflanzen in die WissenschaftsScheune des benachbarten Gutshofs mitnehmen, wo 17 Mitmachstationen zum Experimentieren bereitstehen. Die Bandbreite der Forschung reicht – je nach Alter und Wissensstand der Besucher – von der DNA-Analyse bis hin zum Anbau neuer Kultursorten.

Hinter diesem tollen Angebot, das sich sowohl an Schulklassen als auch an andere Interessierte richtet, steht das renommierte Max-Planck-Institut für Pflanzenzüchtungsforschung, das sich ganz in der Nähe befindet. Hier arbeiten echte Biologen, deren Berufswunsch vielleicht auch mal aus einem Farbmalkasten aus Blüten und Gemüse geboren wurde. Ganz sicher aber aus der Neugier auf die Natur.

Adresse Carl-von-Linné-Weg 10, 50829 Köln-Vogelsang, www.wissenschaftsscheune.de // **ÖPNV** Bus 141, 143, Haltestelle Goldammerweg // **Öffnungszeiten** vorherige Anmeldung auf www.wissenschaftsscheune.de / ihr-besuch / anmeldung, Eintritt: Kinder 3 Euro, Erwachsene 7 Euro

TIPP: Einmal im Jahr, im September, findet im Stadtteil Vogelsang das sogenannte »Kappesrollen« statt. Bei diesem traditionellen Wettbewerb treiben Kinder und Erwachsene Kohlköpfe – Kappes – mit Stöcken einmal um den Marktplatz vor sich her.

110_DER WORRINGER BRUCH

Der tiefste Punkt von Köln

Tiefer kann man in Köln nicht sinken. Das 164 Hektar große Naturschutzgebiet um den Kölner Stadtteil Worringen liegt nämlich nur 37,5 Meter hoch. Im Vergleich: Der Monte Troodelöh (siehe Ort 72) befindet sich auf einer Höhe von 118,04 Metern über dem Meeresspiegel. Die urtümliche Sumpflandschaft ist ideal, um sie mit kleinen und großen Kindern zu erkunden – gutes Schuhwerk oder robuster Kinderwagen vorausgesetzt.

Krass, wenn man sich vor Augen hält, dass sich in dieser Idylle am 5. Juni 1288 eine der größten Schlachten des Mittelalters ereignet hat: Vermutlich gegen elf Uhr traf der Erzbischof Siegfried von Westerburg mit seinen Männern nordwestlich vom heutigen Fühlingen ein und positionierte sich gegenüber den befeindeten Truppen der Grafen Adolf von Berg und Eberhard von der Mark. Angeblich tobte der Kampf bis in den späten Abend, 600 Männer wurden verletzt, 1.100 Menschen mussten sterben. Dies war das Ende des Limburger Erbfolgekriegs. Die Straße Am Blutberg am Rande von Blumenberg erinnert noch an dieses Ereignis.

Heute kann man unbehelligt durch die wunderschöne Landschaft laufen. Weil der Worringer Bruch vor etwa 8.000 Jahren einen Flussarm des Rheins darstellte, konnte hier durch den sumpfigen Boden eine grüne Wald- und Auenlandschaft entstehen. Ausgewiesen als Teil des Kölnpfads, der auf einer Länge von 171 Kilometern um die Stadt führt, gehört die Wegstrecke ab dem Bahnhof Worringen zu den kürzeren und schönsten überhaupt.

Adresse guter Startpunkt für eine Wanderung: Worringer Bahnhof, Kempener Straße 135, 50733 Köln-Worringen, Informationstafeln mit Karten weisen den Weg // **ÖPNV** S-Bahn 11, Bus 120, Haltestelle Bahnhof Worringen

TIPP: Die Kirche Sankt Amandus in Rheinkassel stammt aus dem 12. Jahrhundert und wird im Volksmund »Dotemanns-Kirche« genannt. Angeblich wurde an dieser Stelle einst ein Toter angeschwemmt, der sein Testament dabeihatte. So baute man hier mit dem geerbten Geld eine Kirche. Links neben dem Eingang wurde zur Erinnerung ein steinerner Totenschädel eingelassen. Gruselig!

111__DIE ZAUBERSCHULE

Tricks und Tipps von Astrid Gloria

Oha! Krass! Spooky! Megamagic! Wer in Astrid Glorias Zauberschule geht, hat schon nach kurzer Zeit – Hokuspokus – die Grundlagen für magische Momente und verblüffende Kartentricks drauf. Manche Schüler gehen hier wöchentlich in die Zauberlehre, andere belegen Wochenendkurse, und wiederum andere nehmen sogar Einzelunterricht. Viele von ihnen haben sich erstmals auf einem Kindergeburtstag in der Zauberschule mit der hohen Kunst beschäftigt, die Wahrnehmung anderer zu täuschen, und sind dabeigeblieben. Zaubern gelingt schon Kindern ab sechs Jahren, wenn sie pfiffig und lernwillig sind. Und wer weiß, wofür man all diese Tricks auch im Alltag mal brauchen kann? Zum Beispiel die Hausaufgaben herbeizaubern oder das verlorene Spielzeug wieder zum Vorschein bringen?

Astrid Glorias Zauberschule ist die einzige ihrer Art in ganz Deutschland. Von außen ein Wohnhaus mit hübscher Jugendstilfassade, gibt es im Inneren so einiges zu entdecken: die Bibliothek der magischen Bücher, eine Bühne mit schwerem roten Vorhang und eine kunterbunte Zauberküche. Astrid Gloria, übrigens erste Vorsitzende des Magischen Zirkels in Köln, hat im Laufe der letzten 25 Jahre eine beachtliche Hut- und Requisitensammlung zusammengetragen – wichtige Hilfsmittel, um die Illusion perfekt zu machen. Neben den vielen Zylindern und spitzen Zauberhüten gibt es auch eine magische Kopf-Dreh-Maschine, jede Menge Einhörner und einen echten Brokkoli. Für was? Tja, das wird nicht verraten und bleibt erst mal eine Überraschung …

Adresse Kempener Straße 24, 50733 Köln-Nippes, www.zauberschule-koeln-nippes.de // ÖPNV Bahn 12, 15, Haltestelle Lohsestraße // Öffnungszeiten magische Hotline für Kindergeburtstags-Buchungen: Tel. 0221/730128

TIPP: Die alte Heinzelmännchen-Sage wird in der Auerstraße in Nippes lebendig, wo die kleinen, fleißigen Zwerge von der Fassade eines Privathauses herunterpurzeln. Toller Fotoshoot!

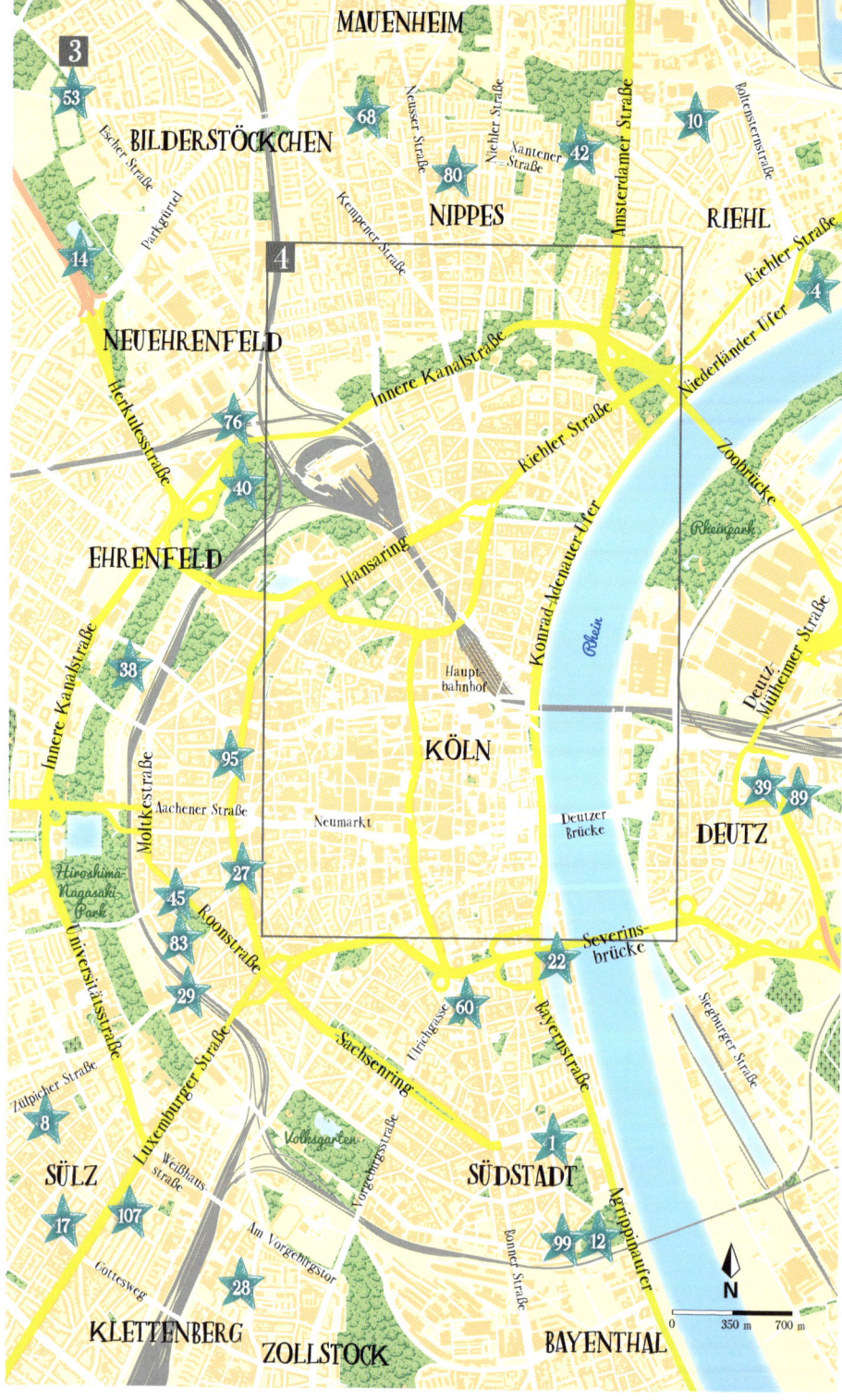

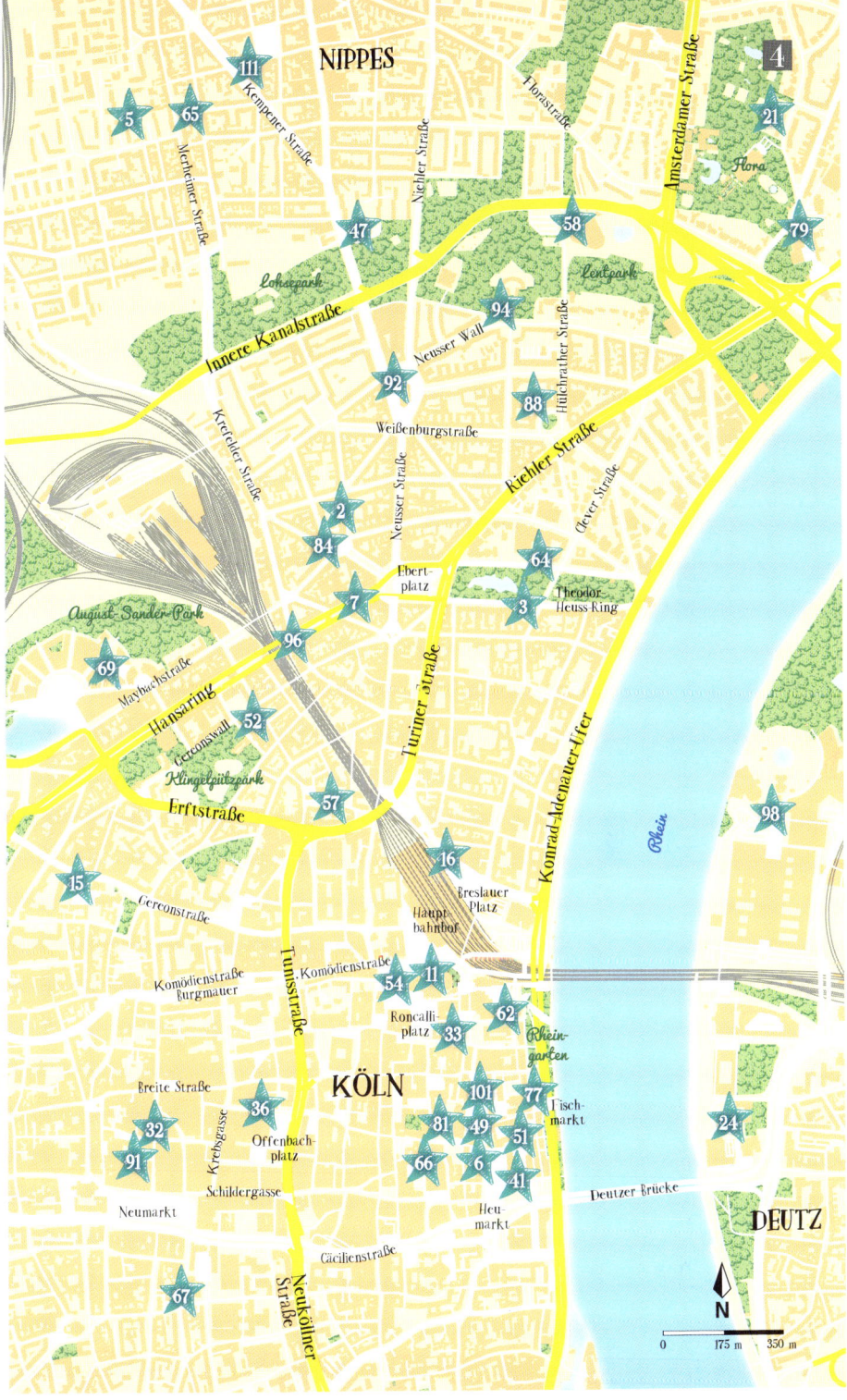

Isa Grütering, Natascha Korol,
Theresia Koch
**111 Orte für Kinder in Berlin,
die man gesehen haben muss**
ISBN 978-3-7408-0251-6

Daniela Clément
**111 Orte für Kinder in Hamburg,
die man gesehen haben muss**
ISBN 978-3-7408-0334-6

Cornelia Kuhnert,
Günter Krüger
**111 Orte für Kinder in und um Hannover,
die man gesehen haben muss**
ISBN 978-3-7408-0333-9

Bernd Imgrund,
Britta Schmitz
**111 Kölner Orte, die man
gesehen haben muss**
Band 1
ISBN 978-3-89705-618-3

Bernd Imgrund,
Britta Schmitz
**111 Kölner Orte, die man
gesehen haben muss**
Band 2
ISBN 978-3-89705-695-4

Bernd Imgrund,
Nina Osmers
**111 Orte im Kölner Umland,
die man gesehen haben muss**
ISBN 978-3-89705-777-7

Peter Eickhoff
**111 Düsseldorfer Orte, die
man gesehen haben muss**
ISBN 978-3-89705-699-2

Ralf Koss, Stefanie Kuhne
**111 Orte im Bergischen Land,
die man gesehen haben muss**
ISBN 978-3-95451-027-6

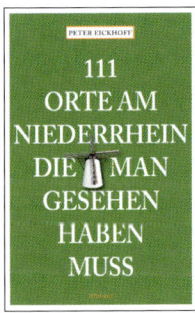

Peter Eickhoff
**111 Orte am Niederrhein, die
man gesehen haben muss**
ISBN 978-3-89705-815-6

Markus Danner,
Johannes Seibt
**111 Orte in Leverkusen, die
man gesehen haben muss**
ISBN 978-3-95451-849-4

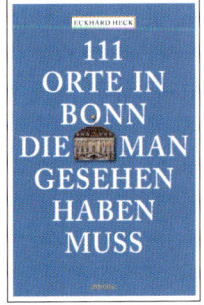

Eckhard Heck
**111 Orte in Bonn, die man
gesehen haben muss**
ISBN 978-3-95451-212-6

Bernd Imgrund
**111 Orte in der Eifel, die
man gesehen haben muss**
ISBN 978-3-95451-003-0

Cornelia Kuhnert,
Günter Krüger
**111 Orte in Hannover, die
man gesehen haben muss**
ISBN 978-3-95451-086-3

Bernd Franco Hoffmann,
Anton Luhr
**111 Eisenbahnorte im
Rheinland, die man gesehen
haben muss**
ISBN 978-3-7408-0344-5

Cornelia Kuhnert,
Günter Krüger
**111 Orte rund um Hannover,
die man gesehen haben muss**
ISBN 978-3-95451-707-7

Alexandra Schlennstedt,
Jobst Schlennstedt
**111 Orte in der Lüneburger
Heide, die man gesehen
haben muss**
ISBN 978-3-95451-844-9

Olaf Jansen
**111 Kölner Fußballorte, die
man gesehen haben muss**
ISBN 978-3-95451-850-0

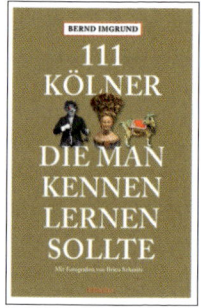

Bernd Imgrund,
Britta Schmitz
**111 Kölner, die man kennen
lernen sollte**
ISBN 978-3-95451-322-2

Rüdiger Liedtke
**111 Kölner Meisterwerke,
die man gesehen haben
muss**
ISBN 978-3-95451-838-8

Christina Gruber,
Gerhard Schmidt,
Thomas Schildmann
**111 Drehorte berühmter
Filme & Serien in Nordrhein-
Westfalen**
ISBN 978-3-95451-928-6

Torsten Goffin,
Carsten Sebastian Henn
111 mal lecker essen in Köln
ISBN 978-3-95451-214-0

Alexander Barth,
Eckhard Heck
**111 Orte in Aachen und
der Euregio, die man
gesehen haben muss**
ISBN 978-3-89705-931-3

Fabian Pasalk
**111 Orte im Ruhrgebiet, die
man gesehen haben muss**
ISBN 978-3-89705-814-9

Fabian Pasalk
**111 Orte im Ruhrgebiet, die
man gesehen haben muss,**
Band 2
ISBN 978-3-95451-223-2

Ralf Koss, Stefanie Kuhne
**111 Orte im Ruhrgebiet, die
uns Geschichte erzählen**
ISBN 978-3-95451-415-1

Alexandra Schlennstedt,
Jobst Schlennstedt
**111 Orte in Bielefeld, die
man gesehen haben muss**
ISBN 978-3-7408-0123-6

Fabian Pasalk
**111 Orte in Essen, die man
gesehen haben muss**
ISBN 978-3-95451-924-8

Jörg Küster, Christina Kuhn,
Katrin Höller
**111 Orte in Südwestfalen,
die man gesehen haben muss**
ISBN 978-3-89705-926-9

Paul Stänner
**111 Orte im Münsterland, die
man gesehen haben muss**
ISBN 978-3-95451-116-7

Ursula Gilbert, Michael Klein
**111 Orte im Siebengebirge,
die man gesehen haben muss**
ISBN 978-3-95451-921-7

Die Autorin

Christina Bacher ist eine leidenschaftliche Stadtentdeckerin. Seit sie laufen gelernt hat, erkundet sie mit offenen Augen und Ohren die Welt. Nach Lehr- und Wanderjahren in Kaiserslautern, Marburg, Bonn, Prag und Montpellier und nach unzähligen Auslandsreisen lebt sie heute mit ihrer Familie in ihrer Lieblingsstadt Köln. Neben der Arbeit beim Straßenmagazin »Draußenseiter« hat sie sich mit der Jugendkrimireihe »Bolle und die Bolzplatzbande« einen Namen gemacht. Sie ist Stipendiatin des Kölner Kulturamts und Mitglied im SYNDIKAT und bei den Mörderischen Schwestern.

Der Fotograf

Norbert Breidenstein, geboren 1951 in Hanau, arbeitet als Diplom-Grafikdesigner und freier Fotograf zwar viele Stunden am Tag am Schreibtisch, aber für dieses Buch hat er seine Turnschuhe angezogen und war in freier Wildbahn unterwegs. Der Wahlkölner lebt seit 18 Jahren in der Stadt am Rhein und dokumentiert seither mit seiner Kamera das Geschehen in der Metropole.